Oscar Wilde
ou l'obsession de la beauté

Frank PIEROBON

Oscar Wilde
ou l'obsession de la beauté

VRIN

Matière Étrangère

Directeurs de collection :
Bruce Bégout et Étienne Bimbenet

Imprimé en France
ISSN 1961-8336
ISBN 978-2-7116-3207-7
www.vrin.fr

avant-propos

Beauty is truth, truth beauty, – that is all ye know on earth,
and all ye need to know[1]
To me Beauty is the wonder of wonders[2]

La notoriété d'Oscar Wilde est à ce point éclatante qu'elle pourrait bien éclipser aux yeux des lecteurs la profondeur de sa pensée, desservie il est vrai par sa propension au paradoxe et à la virtuosité sophistique. Le plus souvent l'on ne retient de la vie et de l'œuvre de l'écrivain qu'une valeur d'emblème et de martyr fondationnel dans la légende dorée des mouvements *gays* à laquelle conviennent la flamboyance du personnage et le chatoiement de son écriture, équivalents intellectuels des paillettes et du strass du stéréotype le plus convenu. Le tour est joué, qui sépare radicalement la signification politique de la figure de Wilde et l'intérêt philosophique de son écriture, pour les mettre en éclipse réciproque : ceux qui se souviennent de l'esthète réduiront son œuvre à une ample réserve d'aphorismes

1. « La Beauté est vérité, la vérité est Beauté – voilà tout ce que connaît l'humain et tout ce qu'il doit savoir. », John Keats, *Ode on a Grecian Urn* (1819) ; *Les Odes*, trad. fr. A. Suied, Paris, Arfuyen, 1994.

2. « Pour moi, la Beauté est la merveille des merveilles », *The Picture of Dorian Gray*, éd. M. P. Gillespie, New York, Norton, 2007, p. 22. Sauf mention expresse, je me référerai à cette édition critique dans tout cet ouvrage ainsi qu'à la traduction française de R. Crevier dans l'édition présentée par P. Aquien, *Le portrait de Dorian Gray*, Paris, Garnier-Flammarion, 2006, p. 67 (désormais cité *Portrait*).

scintillants et ceux qui étudient son écriture s'évertueront à ne pas se laisser éblouir par l'équivalent biographique de sa *légende dorée*. Pourtant, le mythe n'est pas indépendant de l'œuvre. Il témoigne en outre de la sensibilité d'une époque : la sienne en aura fait un paria et le nom par antonomase d'un abîme de décadence, et la nôtre, le pionnier d'une cause dandy, rebelle et libertaire, qui finalement ne dérange plus personne.

Oscar Wilde est bien cet être profondément singulier dont la légende a amplifié l'anomalie pour en faire le grand commencement de l'émancipation homosexuelle contemporaine. Cette singularité est en grande partie son fait : à l'instinct, il s'est voulu comme tel, inclassable, récalcitrant, funambule de l'allusion transparente et du non-dit sonore, se désignant avec bravache en paratonnerre de cette forme de haine sociale qui a de tout temps sévi et qui assigne magiquement à sa victime les raisons de son écrasement. Et, s'agissant d'Oscar Wilde, cette haine sociale se condensera sur son homosexualité dont il deviendra le mot enfin dicible, même si le registre aura été tout d'abord celui de l'exécration. Oscar Wilde, s'il est *a posteriori* l'emblème de la cause gay, fut probablement le moins typique des homosexuels en cette fin de siècle parce qu'il ne cessa d'attirer la lumière sur lui via son personnage public de provocateur virtuose. L'on ne saurait trop y insister, l'homosexualité en Angleterre est déterminée en profondeur par la radicalité implacable de sa répression politique, religieuse et médicale : cette répression atteint son paroxysme avec l'adoption en 1885 du fameux décret Labouchère, qui est en fait un amendement apporté *in extremis* à un nouveau cadre légal, le *Criminal Law Amendment Act* dont le premier propos était de mieux protéger les femmes et les jeunes filles en portant l'âge du consentement sexuel à quinze ans et en proscrivant la prostitution et les maisons closes. Cet amendement prévoyait une peine maximale de deux ans de travaux forcés pour tout acte, public ou privé, de *gross indecency*, une expression vague qui couvrait une variété de pratiques homosexuelles. C'est sur la base de cette loi qu'Oscar Wilde fut condamné en 1895.

Il est toujours loisible, aujourd'hui, d'approcher théorétiquement la sexualité et de l'abstraire pour en faire l'objet pour ainsi dire « pur » d'une investigation intellectuelle. Ce faisant, l'on risque de lâcher la proie pour l'ombre faute de tenir compte des affects négatifs qu'elle suscite au sein de la société en général. Qui plus est, il ne suffit pas d'être sexué d'une manière ou d'une autre pour détenir *ipso facto* le savoir complet de ce qu'est ou doit être la sexualité en général ou l'une ou l'autre de ses variantes, plus particulièrement. *A fortiori*, cela vaut bien sûr pour l'homosexualité. Dans tout cet ouvrage, je ne prétendrai aucunement faire valoir un tel savoir, qu'il soit général ou particulier, touchant à la sexualité quelle qu'elle soit mais je ferai plutôt valoir ce qui se perd dans toute essentialisation ou conceptualisation de ses pratiques, à savoir l'aura étrange ou inquiétante du sexe dans l'imaginaire populaire d'hier et d'aujourd'hui, et qui se traduit le plus souvent par un mixte détonnant de fascination et d'horreur, dont on verra qu'il est l'aliment essentiel du genre fantastique.

De prime abord et le plus souvent, l'agresseur que motive une haine sociale attribue volontiers à sa victime la responsabilité de son passage à l'acte. Que leur motivation en soit raciste, antisémite, misogyne ou homophobe, de telles haines sociales hantent d'autant plus intensément l'imaginaire de toute une société qu'elles en court-circuitent la rationalité commune. En cela, la logique d'une telle projection de la responsabilité de l'agression meurtrière n'en est pas une, à proprement parler : elle est foncièrement performative, c'est-à-dire, pour le dire d'un mot, qu'elle est *magique*. Cela peut expliquer qu'elle perdure alors que toute la religiosité s'évapore de par ce phénomène de

« désenchantement » que Max Weber a si bien décrit. Certes, la modernité, qui est déjà celle de l'Angleterre victorienne, aura tôt fait de substituer sa propre forme de magie, surtout technoscientifique et audiovisuelle, à ces formes vénérables et religieuses que l'on évoque aussitôt que l'on en prononce le mot, mais le besoin humain de magie, plutôt noire que blanche, a survécu de manière souterraine. La haine sociale qui contribue tant à la violence inhérente à la société occidentale et qui colore dans la masse les inquiétantes manifestations de l'extrémisme politique et sectaire est une forme de pensée magique, en ce sens que rien ne peut l'expliquer si l'on s'en tient à la rationalité scientifique, économique et consumériste. L'on pourrait en dire autant à l'endroit du désir sexuel. L'imaginaire de notre époque est surpeuplé de personnages chimériques et improbables, dont les superpouvoirs sont aussi magiques qu'ils sont dépourvus de toute nuance et de toute signification profonde, mais quoi qu'il en soit, et de manière plus générale, l'on ne saurait s'expliquer autrement l'essor du fantastique, un genre dont relève le *Portrait de Dorian Gray* dont il sera beaucoup question dans cet ouvrage.

Le génie d'Oscar Wilde s'explique moins par son homosexualité que par l'extraordinaire effort de pensée qu'il a manifesté dans son écriture pour venir à bout de ce double mystère qui devait le hanter toute sa vie, à savoir la singularité de son désir et celle de la haine sociale qui le menaçait. La sexualité, qui ne s'explique pas, n'explique rien en retour et il convient d'approcher la personnalité de l'écrivain à partir de son écriture. C'est le propos de notre ouvrage : l'écriture, surtout celle d'un écrivain féru de fiction et œuvrant, de propos délibéré, à partir de la position d'un *visionnaire*, est tout sauf un medium parfaitement transparent à travers lequel transcrire photographiquement des sentiments, des impressions ou encore des visions. L'écriture ainsi conçue est ainsi positionnée aux antipodes de la conception usuelle qu'on s'en fait aujourd'hui, à savoir une forme d'enregistrement dont le paradigme secret serait l'objectivité prêtée à la technique photographique. Cela étant, plutôt que d'avancer mes propres thèses au sujet d'une éventuelle phénoménologie de l'écriture, je m'en tiendrais à ce qu'Oscar Wilde lui-même en dit dans un ensemble d'écrits qu'on lit beaucoup moins que le *Portrait de Dorian Gray*, pour ne citer que cet exemple central dans mon propos : je veux parler d'une série de textes qu'il rédige entre 1889 et 1891[1] dans lesquels Wilde, dans une forme elle aussi fictionnelle, expose à la volée de fascinantes théories sur l'écriture et le théâtre, et même l'art en général, que j'évoquerai à l'occasion. C'est ainsi que j'espère pouvoir montrer comment ces écrits peuvent éclairer ce qui structure en profondeur l'économie conceptuelle du *Portrait de Dorian Gray* et que le genre de la fiction fantastique voile nécessairement.

Qu'en est-il donc de l'écriture? Abordée à travers le point de vue de l'écrivain plutôt que de celui du lecteur, l'écriture manifeste cette capacité à faire penser, bien au-delà de premières inspirations, quelle que soit leur importance. Penser, c'est-à-dire mieux comprendre encore ce que l'on ressent et comment on le ressent, qu'il s'agisse du désir lui-même ou encore de ces passions effrayantes de douleurs dont Wilde s'enchante à la lecture du théâtre de Shakespeare. Il se montre sensible au curieux pouvoir de l'écriture et plus exactement du théâtre de donner au lecteur/spectateur un accès à des passions violentes en le laissant s'y abîmer sans qu'il risque d'en être dévasté. Autrement dit,

1. Ces essais *The Decay of Lying*, *The Critic as Artist*, *Pen, Pencil, and Poison* et *The Truth of Masks* ont été réunis sous le titre *Intentions* qui parut en 1891 (« Le déclin du mensonge », « La critique est un art », « Plume, pinceaux, poison » et « La vérité des masques », dans *Intentions*, trad. fr. Ph. Néel, Paris, Le Livre de Poche, 2000), auxquels il faut ajouter le très fascinant *Portrait of Mr. W. H.*, publié en 1889 (*Le portrait de Mr. W. H.*, trad. fr. J. Gattegno, Paris, Le Livre de Poche, 2009), qui à maints égards annonce celui de Dorian Gray.

l'écriture est plus puissante que la réalité même et pourtant et paradoxalement, beaucoup moins dommageable. Oscar Wilde est particulièrement fasciné par ce qu'il nomme *transference of emotion*, et que l'on pourrait ranger sous le titre d'une magie propre à l'écriture, à la poésie et au théâtre. Je montrerai ainsi dans ce commentaire du *Portrait de Dorian Gray* que la fiction wildienne se propose comme ce miroir de Persée où il est possible de contempler le visage de la Méduse sans être aussitôt foudroyé par son regard et transformé en pierre. Un tel miroir est un prisme où la laideur transparaît dans la beauté, et la beauté, dans la douleur. L'effet qu'elles produisent toutes trois participe d'une magie commune, quelque chose entre le terrifiant et le merveilleux pour lesquels les Grecs n'avaient besoin que d'un terme unique, δεινός (*deinós*). Oscar Wilde ne l'ignorait pas, lui qui, à Oxford, s'était distingué par ses connaissances étendues des Classiques qu'il lisait dans l'original grec.

Il faut le souligner : d'une manière générale, l'œuvre de Wilde ne cesse de puiser aux meilleures sources de l'Antiquité, là où la poésie oraculaire et la réflexion philosophique mêlent encore leurs eaux. Wilde pense grec, pour le dire simplement, d'où mon intérêt de philosophe pour la subtilité de sa pensée qui bien souvent se trouve comme voilée ou maquillée par une rhétorique délibérément spirituelle, dans le sens du plaisant. Toutefois, il est moins séduit par l'idéal classique d'harmonie et de mesure ou encore par le *logos* souverain de la rationalité philosophique que par la *manía*, qui, le temps d'une transe dionysiaque, fait revivre la dimension de sauvagerie originaire qui est au cœur de tout mortel. L'ambivalence typique de la pensée grecque, toujours déjà tiraillée entre Apollon et Dionysos, pour évoquer ici la vision qu'en a donnée Nietzsche, convient on ne peut mieux à celle qu'Oscar Wilde ressent en lui-même. Pour le dire en peu de mots, comme il sied au genre de l'avant-propos, cette *manía* est, dans l'esprit de Wilde, la manifestation la plus franche et authentique du désir, qu'il soit charnel et sexuel ou créatif et prophétique :

> L'art, comme Platon s'en était aperçu, non sans regret, détermine, chez le spectateur ou l'auditeur, une sorte de folie divine. Il ne naît pas de l'inspiration, mais inspire ses adeptes. Ce n'est pas à la raison qu'il s'adresse… (…) Il n'y a rien de raisonnable dans le culte de la beauté ; il est trop splendide pour tenir compte de la raison, et ceux dont il conditionne la vie feront toujours au monde l'effet de purs visionnaires[1].

Subtilement, Wilde glisse de « l'art » au « culte de la beauté » et en cela, perturbe dans les deux cas l'ordinaire préséance de la causalité par rapport à ses effets possibles. C'est ainsi que l'art est moins le fruit d'une inspiration, comme le veut la vulgate d'usage courant, que son vecteur auprès d'un public d'« adeptes », qui sont en effet des fidèles, voire même des initiés et le mystère de la beauté est en vérité ce à quoi l'art mystagogique initie l'adepte. Et cette inspiration n'est autre que l'évidence solaire de la beauté qui

1. O. Wilde, *La critique est un art*, trad. cit., p. 191-192. On peut trouver dans les dialogues de Platon plusieurs caractérisations de la puissance de l'art comme possession divine et performance oraculaire, dont celle-ci, dans *Ion* (du nom d'un célèbre rhapsode) : « …tous les poètes, auteurs de vers épiques – je parle des bons poètes – ne sont pas tels par l'effet d'un art, mais c'est inspirés par un dieu et possédés par lui qu'ils profèrent tous ces beaux poèmes. La même chose se produit aussi chez les poètes lyriques, chez ceux qui sont bons. Comme les Corybantes qui se mettent à danser dès qu'ils ne sont plus en possession de leur raison, ainsi font les poètes lyriques : c'est quand ils n'ont plus leur raison qu'ils se mettent à composer ces beaux poèmes lyriques. Davantage, dès qu'ils ont mis le pied dans l'harmonie et dans le rythme, aussitôt ils sont pris de transports bachiques et se trouvent possédés. (…) c'est chose légère que le poète, ailée, sacrée : il n'est pas en état de composer avant de se sentir inspiré par le dieu, d'avoir perdu la raison et d'être dépossédé de l'intelligence qui est en lui. Mais aussi longtemps qu'il garde cette possession-là, il n'y a pas un homme qui soit capable de composer une poésie ou de chanter des oracles. » 534b, trad. fr. M. Canto-Sperber, Paris, Flammarion, 2001, p. 101.

est en même temps son mystère le plus impénétrable. Si Wilde travaille à se rendre lui-même « pur visionnaire », il ne cesse de s'orienter, ce faisant, par rapport à cette idéalité platonicienne – la beauté – et ce travail est celui de l'écriture littéraire, comme il sera celui de la peinture dans son personnage de Basil Hallward, l'auteur du fameux *Portrait*. Mieux que quiconque, Wilde est conscient de ce que l'on ne saurait *décrire* la beauté sans la défigurer et de ce qu'il nous faut cependant l'*écrire* pour la transfigurer. L'écriture, selon ses diverses modalités, ne peut que la diffracter et en rompre l'unité. Et pourtant, la beauté n'est jamais autre chose que la beauté, surtout si elle est absolue : elle est sans *autre* pour qui la contemple, au risque de s'y perdre. Qui la désire, désire justement s'y perdre. C'est le travail de l'écriture qui retient celui-ci d'y sombrer comme en un abîme de démence. Il en va tout autrement de la laideur et de la douleur, auxquelles Wilde s'intéresse tout autant dès lors qu'il y flaire une secrète communauté d'avec le beau : en effet, en termes grecs, la beauté annonce toujours déjà quelque chose de divin et par conséquent de dangereux, et c'est ce que devinent d'emblée les mortels de par une conviction qui croît jusqu'à une certitude spécifique, qui est celle de très grands malheurs. Qu'on en juge d'après Hélène de Troie.

L'on pourrait avancer qu'il existe pour les mortels deux manières d'entrevoir le divin (sans pour cela faire intervenir l'hypothèse de la Révélation) : subir de front l'éclat terrible du beau et souffrir bien au-delà de ses moyens émotionnels. L'homosexuel victorien connaît bien ces deux liturgies. La douleur peut même être belle, qui naît à l'occasion des litanies de l'amour impossible, auxquelles l'Art confère cette lumière incandescente qui fait effet de « folie divine » pour tant de lecteurs et surtout de spectateurs. Certains d'entre eux y reconnaîtront la douleur tétanisante dont ils ont pu faire l'expérience muette à l'occasion de leurs propres impasses existentielles. Wilde, sur ce point, se montre d'une extraordinaire finesse. Si la douleur peut être belle pour autant qu'un artiste la transcende pour la projeter sur un auditoire et lui restituer ainsi le pouvoir de pleurer, et si la laideur peut être douloureuse, il faut *a minima* un truchement fantastique, c'est-à-dire un enchantement maléfique pour faire sens d'une laideur qui viserait, elle aussi, l'absolu. Tel est le génie de Wilde qui donne à voir, sans en donner les clefs, l'invisible dégénérescence d'une âme dans son *Portrait de Dorian Gray* et d'en faire l'envers abyssal d'une beauté éternellement céleste. Nulle explication, nulle malédiction divine, nulle contrepartie faustienne dans la cancérisation putride du portrait. On ne peut rien en savoir sinon que l'anti-miracle se produit et qu'il dit une vérité que l'on constate sans pouvoir la comprendre.

Dans le contexte clairement homosexuel du *Portrait de Dorian Gray*, il n'est pas seulement question de la beauté extraordinaire de quelque jeune homme de bonne famille dont on aura voulu peindre le portrait ; tout tourne autour du désir que celui-ci peut susciter et, sur une orbite à ce point éloignée qu'il en deviendrait presque invisible, de l'interdit pesant qui le bâillonne. Il n'est pas possible de décrire directement la beauté, ai-je dit, et il est impossible d'en énoncer le désir qu'elle suscite : ici l'indicible est philosophique, mais là, il est simplement politique. Je voudrais y revenir quelque peu et préciser mon propos : mon hypothèse de lecture est que ce roman a pour véritable sujet quelque chose qu'il est à peu près impossible de dire, de décrire ou d'expliquer. Non pas le désir lui-même, bien qu'il soit notoirement insondable, mais à partir de celui-ci en tant qu'il est étouffé, écrasé, culpabilisé, la haine sociale qui s'accumule autour de l'homosexualité victorienne, en deçà et au-delà des mots. En d'autres termes, cette haine sociale est à la fois l'axe vide du roman – le désir interdit, qui est aussi ce désir que l'interdit fascine – et son invisible horizon.

Tout autant que la beauté et le désir que celle-ci peut susciter, une telle haine sociale est *magique* tant elle est irrationnelle, ce en quoi elle se prête aisément à un traitement fantastique. Sans faire ici l'histoire du genre fantastique, j'indiquerais cependant qu'il croît volontiers dans les marges de la rationalité commune. En effet, le fantastique naît à l'époque où la rationalité industrielle supplante l'irrationalité religieuse et humaine et il fleurit au lieu même de l'ambiguïté la plus troublante, là où le naturel et le surnaturel se compénètrent dangereusement et où tout devient possible, à commencer par l'impossible. Le fantastique est une histoire de miracles pour une époque qui feint de ne plus y croire.

Dans ce roman, le fantastique comme modalité de l'intrigue masque et révèle à la fois une magie plus réelle qui lui fournit toute son énergie. Elle est celle du désir qui sous-tend l'obsession pour la beauté et elle est celle de la haine sociale qui flaire et débusque de tels désirs comme l'orage s'intensifie soudain pour faire tomber sa foudre sur le premier paratonnerre rencontré. Wilde voit en l'artiste véritable un visionnaire qui œuvre à partir de la « folie divine » que la beauté suscite en lui. C'est dire que c'est ainsi qu'il se voit lui-même. L'œuvre naît, elle aussi, d'une accumulation d'énergie qui soudain se matérialise en trombes violentes et, à mon sens, c'est ainsi que tout le *Portrait de Dorian Gray* lui est venu, à la faveur de circonstances singulièrement favorables à cet égard que je décrirais plus loin. Je subodore dans ce roman tout un travail d'exploration par l'écriture littéraire qu'auront illuminé chemin faisant d'inévitables effets de surprise qui à la fois durent enchanter et effrayer l'écrivain. Le visionnaire, en effet, ne peut pas ne pas s'étonner de ce qui lui advient. L'écart entre le schème « fantastique » de l'intrigue et le matériau en lui-même irrationnel – le désir, la beauté, le vice, le crime, etc. – aura certainement augmenté la richesse et la fécondité du sens qui se révèle dans le processus de l'écriture, car la cohérence contraignante du schème peut se révéler particulièrement féconde, à la différence de ce que l'on croit ordinairement relever de l'inspiration, comme si le créateur y lisait tout d'emblée de l'œuvre à venir.

Comment entendre cette vocation visionnaire? La vérité – selon le sens tout particulier que Wilde lui donnait – ne provient pas de l'observation prétendument objective : elle se révèle de par *l'ingenium* de la fiction pour autant qu'elle soit portée à l'incandescence, naturellement. C'est ainsi qu'il oppose Balzac à Zola en un contraste assez péjoratif à l'endroit du « réalisme[1] » de ce dernier. En grossissant à l'envi le trait, il en arrive à affirmer, au risque de heurter plaisamment le bon sens, que la Nature imite l'Art : l'exemple est célèbre, Turner, le grand peintre, aurait donc inventé le brouillard, comme Wilde l'explique *tongue-in-cheek*, parce qu'on aura commencé à le percevoir à partir des grandes toiles emblématiques de son art. Notre regard serait donc secrètement influencé par celui des peintres et suivrait inconsciemment l'évolution de leur manière et de leur style. Wilde, toutefois, s'exprime en écrivain et non en peintre et je produis ce *distinguo* parce qu'à son époque, la peinture bat en retraite sur le terrain de la ressemblance figurative et réaliste que conquiert sans effort la prodigieuse révolution photographique, qui, elle aussi, va désormais influencer le regard commun, jusqu'à lui imposer ses paradigmes. L'écrivain ne connaîtra pas ce sort, parce qu'il donne à voir ce qui, jusqu'alors, sans lui n'existerait pas : l'exemple du brouillard londonien que Turner avait rendu

1. C'est un point essentiel de la poétique wildienne, dans *The Decay of Lying*, Oscar Wilde oppose Zola à Balzac, assignant au premier un réalisme sans imagination (« unimaginative realism ») et une réalité de l'imagination au second (« imaginative reality »). « Balzac is no more a realist than Holbein was. He created life, he did not copy it. », *Intentions* in *Complete Works*, New York, Harper Collins, p. 6 (« Balzac n'est pas plus un réaliste que Holbein. Il a créé la vie, il ne l'a pas copiée », ma traduction).

visible peut alors faire l'objet d'un malentendu, dans la mesure où il participe à la fois de la perception la plus commune et du grand art, suivant un grand écart entre d'un côté le geste et la pâte du peintre, l'impression floue et l'évocation allusive, la nébulisation de la couleur en nuances démultipliées, etc., en un mot, tout ce dont la photographie est incapable de rendre et, de l'autre, un phénomène météorologique que nous voyons avec un regard de plus en plus photographique.

Wilde est écrivain, et non pas peintre : c'est par la puissance de l'écriture que nous pouvons imaginer que Basil Hallward, un peintre et non un écrivain, puisse rendre « visible » par son portrait la beauté de son modèle, bien au-delà de ce que l'on pourrait en voir dans sa supposée réalité objective : il s'ensuit une certaine autoréférentialité dans le propos du *Portrait*, qui confère à son personnage de peintre un double pouvoir d'hallucination et de transfiguration, un pouvoir, dis-je, qui n'est autre que celui de la fiction. Depuis la fin du dix-neuvième siècle, l'on peine à *imaginer* ce qu'a pu être ce pouvoir de l'*imagination* visionnaire à l'œuvre dans l'ancienne peinture ainsi que dans l'esthétique de Ruskin et de Pater[1], tout simplement parce qu'il a été supplanté par le paradigme de la ressemblance photographique, un destin auquel l'écriture a échappé. Wilde donne à voir en écrivain ce que

1. « Qui se soucie que les opinions de Mr. Ruskin sur Turner soient justes ou non ? Sa prose puissante et majestueuse, si ardente et si colorée, d'une éloquence si noble et d'une ordonnance symphonique si parfaite, si sûre dans le choix délicat du mot et de l'épithète, est une œuvre d'art au moins aussi grande que ces merveilleux couchers de soleil qui pâlissent et se dégradent sur les toiles pourries de la Galerie Nationale. (...) Et se soucie-t-on davantage que Mr. Pater ait vu dans le portrait de Mona Lisa des choses dont Léonard ne rêva jamais ? », Oscar Wilde poursuit en citant ce que Walter Pater dit d'elle dans son ouvrage majeur *La Renaissance* : « elle est plus vieille que les rochers parmi lesquels elle se situe ; comme le vampire, elle est morte plusieurs fois, pour apprendre les secrets de la tombe ; elle a plongé sans les eaux profondes et en a gardé autour d'elle la pâle lumière... », *La critique est un art*, dans *Intentions*, trad. cit., p. 155-156.

le peintre à son tour a vu et a rendu visible, selon la conception qu'il s'en fait en amont de l'ère photographique, une conception ambivalente dans la mesure où *picture* a les deux sens en anglais, pictural et photographique.

Le *Portrait* étant tout d'abord l'affaire de la « grande peinture », le roman mobilise à la fois une esthétique – sensualiste et même hédoniste – et une poétique de la transfiguration par l'art, dont Wilde confie l'exposé à son personnage de peintre. Le projet d'écriture dans sa dimension fantastique est de propos délibéré une fiction hallucinatoire qui doit enchanter immédiatement l'imagination de son lecteur : c'est en effet son imagination qui lui fait *voir* cette chimère d'écriture qu'est la beauté absolutisée d'un Dorian Gray et qui donne pour évidente et naturelle la transfiguration de ladite beauté en un chef-d'œuvre de l'art, qui, par-delà le regard, est supposée en manifester l'idéalité surnaturelle. Si la peinture doit encore et toujours se colleter avec le réalisme photographique du regard se portant sur les choses du monde, il n'en va pas de même avec l'écriture littéraire : le lecteur n'a pas le choix et ne voit rien d'autre que ce qu'il imagine sous l'influence déterminante de l'imagination productrice de l'auteur qu'il est en train de lire. Son imagination est ainsi créatrice et spectatrice à la fois, faisant surgir tout un monde dont le chiffre secret dans le *Portrait* est le désir, dans toutes les acceptions du terme, y compris sexuelles. L'enchanteur en reste l'auteur, bien évidemment, mais l'enchantement est en fait le produit de la lecture. À cet égard, le propos de Wilde sur le brouillard de Turner fonctionne, non sans malice, à la manière d'un écran de fumée, qui voilerait ce dont il est véritablement question dans cette magie de la vision et de l'enchantement : je veux parler du désir, qui, de par son fonctionnement même, découvre et invente à la fois son objet. L'invention littéraire participe d'une semblable capacité, qui est d'inventer de toutes pièces une présence alors qu'elle semble pourtant exister par elle-même. L'écriture, chez Wilde, a pour moteur un désir en voie de sexualisation et la présence ainsi convoquée par la fiction, toujours sur le point de se matérialiser mais restant néanmoins à l'état de spectre ou d'ombre, est celle d'un corps à venir, désirable et désirant.

Mais tout corps n'est pas *ipso facto* pris par le désir. Dans sa condition ordinaire, le corps – à commencer par celui du lecteur – ne sent rien et ne donne rien à sentir, dès lors que chacun vaque à ses soucis et ses affaires les plus banales et ordinaires. En d'autres termes, il faut qu'à l'occasion de quelque désir il se transfigure, qu'il devienne corps-de-désir, désirant ou désirable. À l'inverse, dès que l'on postule du désir, il convient de supposer pour ce faire toujours plus qu'*un seul corps* : le désir est désir d'altérité, que celle-ci soit réelle ou fictionnée. Loin de n'être que la juxtaposition de deux existences qui préexisteraient à leur rencontre, les deux corps que le désir magnétiserait l'un par l'autre se sexualisent en se révélant l'un à l'autre, ne serait-ce que parce qu'ils ne peuvent s'éprouver que l'un à travers l'autre. Cette configuration – je reçois mon corps sexualisé de ce qu'*autrui* en voit, en fait, en dit, tout comme elle ou lui, de moi, de mon regard, de mes gestes, de mes dires – est analogue à ce pouvoir si particulier de l'imagination créatrice, que rend possible et magnifie le travail de l'écriture littéraire et poétique, ce pouvoir, dis-je, qui est de susciter des présences fictives, d'une intensité bouleversante, qui paraissent s'autonomiser jusqu'à nous convaincre de leur altérité existentielle alors qu'elles sont le produit de son invention. Je ne saurais interpréter autrement ce passage du *Déclin du mensonge* où Oscar Wilde se dit chaque fois bouleversé à la lecture du célèbre passage où Balzac évoque la fin tragique de Lucien de Rubempré, l'un des personnages centraux des *Illusions perdues* et de *Splendeurs et misères de courtisanes*[1].

1. « La fréquentation assidue de Balzac réduit nos amis vivants à l'état d'ombres, et fait de nos connaissances les ombres d'ombres <*shadows of shades*>.

Une secrète analogie entre le besoin irrépressible d'écrire et quelque expression possible du désir sexuel inspire Oscar Wilde. Comme bon nombre d'écrivains parmi les meilleurs, il est loin d'écrire ce qu'il sait déjà et l'on pourrait avancer qu'il écrit aussi pour en savoir toujours plus, de par un savoir évolutif qui se donne à vivre en une expérience émotionnelle et esthétique. Il écrit ce qu'il ne sait pas encore, pour ainsi dire. S'il écrit ainsi, en visionnaire, l'écrivain est toujours en avance sur lui-même, ce qui lui donne la merveilleuse impression de découvrir ce qu'il a en fait inventé. L'écriture est alors à même de produire pour qui écrit une certaine autonomie existentielle, qui se marque d'autant plus que l'écrivain doit recouvrer son territoire par-delà un abîme. Comme si le travail poïétique de l'écriture lui promettait secrètement un corps de secours ou un espace mental tiers, un refuge décisif dans ces configurations oppressantes de la condition minoritaire que j'ai évoquées plus haut. Je n'irais certes pas jusqu'à énoncer quelque déterminisme strict qui, dans le cas d'Oscar Wilde, articulerait par un lien de causalité mécanique sa pratique l'écriture à on ne sait quelle gestion, consciente ou inconsciente, de sa sexualité et surtout du stigma social qu'elle pourrait lui valoir.

Parlons d'obsession, enfin… Le joli ou l'agréable retiennent à peine l'attention, là où la beauté emporte tout sur son passage : il s'ensuit, si vraiment il s'agit de beauté, une manière de trauma à la fois douloureux et délicieux, de l'ordre d'une promesse de jouissance qui serait en même temps le signe avant-coureur d'un

Ses personnages ont une existence ardente, couleur de feu. Ils nous subjuguent et défient le scepticisme. Un des drames les plus poignants de ma vie <*One of the greatest tragedies of my life*> fut la mort de Lucien de Rubempré. C'est un deuil <*grief*> dont je n'ai jamais pu complètement me remettre, dont la pensée me hante en mes heures de plaisir et que je me rappelle au milieu de mes rêves. », *Intentions*, trad. cit., p. 56-57. Le désir a ceci de commun avec la création littéraire qu'elle (s') invente un corps désirable et (se) fait croire qu'il existe par lui-même comme cette cause dont il serait l'effet.

effondrement. Ou d'une conversion. Il en va de même pour l'écriture, qui ne transforme en écrivain que celui ou celle qui écrit et qui réécrit tout le temps. Et encore ! Il s'agirait ici d'une condition nécessaire qui n'aurait rien de suffisant. L'on écrit beaucoup, trop même, mais sans raison précise dont on serait tout d'abord pleinement conscient ; vient ensuite, et non pas toujours, la conscience jamais vraiment claire de ce que l'écriture apporte effectivement. « Écrire, c'est tenter de savoir ce qu'on écrirait si on écrivait... » écrivait justement Marguerite Duras dans un livre qui ne pouvait pas s'appeler autrement qu'*Écrire*. Tout au plus puis-je aventurer ici une hypothèse de lecture pour la soumettre à l'épreuve des textes et découvrir ce qu'elle permet de comprendre : j'envisage la possibilité, à propos d'Oscar Wilde, qu'il se soit pour ainsi dire déterminé à partir de sa propre pratique d'écriture, oscillant de plus en plus fortement entre l'urgence d'en passer par la réflexion et l'écriture et l'impérieux appel d'un passage à l'acte de plus en plus dionysiaque, où tout se passe dans et par le corps. Quoi qu'il en soit, il est un maître de l'écriture et c'est cela qui aura durablement retenu mon attention : cette écriture est ce qui soutient sa pensée en même temps qu'elle donne corps à son rêve, car son propre tropisme est encore et toujours le beau, avec cette sexualisation dont il n'y a rien à dire qui puisse être pertinent et cette idéalité qu'il est impossible de théoriser sans se payer de mots. Son désir, il le sait, est ce qui le fait écrire dans une conscience particulièrement aiguë de ce que le beau, le vivant, l'âme, la chair sont hors de portée de l'écriture ordinaire, celle-là même qui informe, qui raconte et qui « ne cesse pas de ne pas s'écrire »[1]. L'on consent, dans sa propre vie, à tout subordonner au travail de l'écriture, justement parce que

1. C'est ainsi que J. Lacan formulerait le réel, c'est-à-dire l'impossible (cf. *Le Séminaire*, livre XX, *Encore*, Paris, Seuil, 1975, p. 132).

c'est impossible quant à ce que l'on désire éperdument, à savoir ce moment exceptionnel – la plus haute poésie, la prophétie la plus puissamment inspirée, le théâtre le plus décidément tragique – où l'on pourrait presque toucher le soleil.

chapitre premier
de qui le portrait de Dorian Gray reflète-t-il l'image?

Dans son édition de juillet 1890, le *Lippincott's Monthly Magazine* entama la publication en feuilleton d'une nouvelle œuvre d'Oscar Wilde, *The Picture of Dorian Gray*. Ce magazine, établi depuis 1868 à Philadelphie aux États-Unis, offrait à son lectorat une sélection de récits, d'articles d'information et de critiques littéraires, ce qui peut mieux situer l'ambition assez modeste du premier projet de ce livre devenu par la suite si célèbre. Tout partit d'une commande passée lors d'un mémorable déjeuner offert à l'Hôtel Langham, à Londres, le 30 août 1889, par J. M. Stoddart, le directeur littéraire, à Sir Arthur Conan Doyle[1] et à Oscar Wilde. Ce dernier mit quelque temps à s'exécuter et produisit une œuvre romanesque et fantastique, destinée à être publiée en feuilleton et composée à l'origine de treize chapitres. Le succès permit de voir plus grand et la version définitive publiée en livre en 1891 à Londres s'enrichit de quelques chapitres supplémentaires

1. À ce déjeuner participaient T.P. Gill et Arthur Conan Doyle. Ce dernier, également invité à produire un texte, donna rapidement *The Sign of Four* (*Sherlock Holmes. Le signe des quatres*, Paris, Le Livre de Poche, 2008), où le personnage de Sherlock Holmes apparut pour la seconde fois.

pour faire bon poids. Le point de départ de la genèse d'un livre aussi singulier doit être remarqué et souligné : la commande émane d'un magazine américain et la publication se fera en feuilleton. C'est dire l'insignifiance du projet, à bonne distance de l'arène londonienne, avec l'exigence minimale de convenir et de plaire au public américain. Tout commence donc *ailleurs*, avec la liberté d'expérimenter librement dans un genre plutôt populaire, *gore* et *gothic*, et avec la tentation, bientôt irrésistible, d'y introduire le poison violent de l'homosexualité. Ce genre en effet permet de cultiver l'effrayant et le sulfureux, des couleurs au sein desquelles les signes codés d'une culture homosexuelle particulièrement lettrée peuvent innocemment se fondre dans les teintes sombres et vertigineuses du fantastique. Il n'empêche ! Le texte pourtant très prudemment expurgé suscita quelques haut-le-cœur complaisamment relayés par la presse, ce qui, évidemment, garantit au roman un providentiel *succès de scandale*.

Rappelons-en l'argument. L'action se passe à Londres, dans les années 1890. Basil Hallward, un peintre de renom, réalise le portrait de Dorian Gray, un jeune homme d'une grande beauté. C'est véritablement un chef-d'œuvre qu'en son atelier, Lord Henry, son ami de longue date, découvre et admire tandis que devant l'œuvre achevée, Dorian Gray imagine à haute voix que l'œuvre puisse vieillir à la place de son modèle. Contre toute attente, un véritable pacte faustien est par là mis en œuvre, ce dont Dorian Gray prend peu à peu conscience : à la suite du suicide d'une comédienne qu'il avait séduite, le tableau s'altère d'une légère ride d'expression. La mutation se précise et s'aggrave tandis qu'il se livre à mille excès tout en conservant, inaltéré, l'éclat innocent de sa première jeunesse. Le portrait relégué dans quelque grenier inaccessible rend peu à peu évidente la monstruosité à la fois spirituelle et physique du modèle. Le coup de couteau que celui-ci, pour en finir, porte au chef-d'œuvre maléfique a pour effet inattendu de le tuer en retour.

Tout cela est bien connu. Ce qui l'est moins est qu'Oscar Wilde, peu avant ce déjeuner décisif à l'Hôtel Langham, avait fait la connaissance d'un certain John Gray, que Neil McKenna décrit, non sans quelque effervescence lyrique, comme « parfaitement beau, merveilleusement poétique et absurdement juvénile »[1]. Le fait est que le jeune homme, si poétiquement assiégé, ne fut pas disposé à réciproquer d'emblée et se fit savamment attendre. La séduction est pour lui un métier : ce joli garçon, la tête sur les épaules, s'était méthodiquement arraché à sa misérable condition en se faisant le gestionnaire madré de tous les avantages que sa bonne mine pouvait lui valoir auprès de protecteurs bienveillants, et cela sans trop se faire violence dès lors qu'il était lui-même homosexuel. « En fait, écrit McKenna, le John Gray dont s'énamoura Oscar Wilde était une façade savamment agencée, une fiction exquise, un fantasme de jeune homme bien mis modelé dans la glaise la plus humble[2] ». Il aura fallu quelques mois d'une cour assidue pour que John Gray cède aux avances de l'écrivain, une période de temps qui coïncide à peu près avec la rédaction de la majeure partie du *Portrait de Dorian Gray*. Il est par conséquent facile d'imaginer que John Gray aura fasciné Oscar Wilde au point de lui inspirer le personnage central de son roman, non seulement parce qu'il s'y entendait à attiser le désir de qui s'intéressait à lui mais encore parce qu'il excellait dans son double rôle de composition, passant sans heurt de l'éphèbe virginalement innocent et inconscient de son pouvoir de séduction au virtuose blasé du sexe. Double jeu, gagnant sur tous les tableaux. Le fait est que l'habile *wonder boy* sut toujours garder la tête froide dans le choix de ses protecteurs et qu'il conserva toujours l'intégrale maîtrise de son destin. Trois ans durant,

1. N. McKenna, *The secret life of Oscar Wilde*, New York, Basic Books, 2006, p. 159. Le texte original rend manifeste l'imitation, peut-être inconsciente de sa part, du style wildien : il y est en effet question d'un « perfectly beautiful, wonderfully poetic and absurdly boyish-looking John Gray ».

2. *Ibid.*, p. 118, ma traduction.

John Gray permit à Oscar Wilde de jouer les mentors avant de le quitter pour André Raffalovich, un richissime mécène qui, sa vie durant, lui resta généreusement dévoué.

Assurément, il y a du John Gray dans Dorian Gray, à commencer par son ambivalence fondamentale, entre innocence radieuse et abîmes peuplés de hontes inavouables. Ce n'est qu'une base cependant – même si le nom est conservé, comme un fétiche –, une base dont Wilde a poursuivi les lignes de fuite jusqu'à leurs extrêmes respectifs et qu'il a enrichies d'une profusion de souvenirs littéraires, artistiques, d'idées philosophiques et esthétiques, de réminiscences conscientes ou inconscientes de tout ordre. Cette base est une silhouette, un personnage, un rôle de composition dont John Gray est à la fois l'auteur et l'interprète, parce qu'il n'est pas simplement un prostitué de luxe qui jouerait, le temps qu'elle dure, de l'éclat de sa juvénilité. Ce rôle exigeait qu'il se fût pourvu, en autodidacte déterminé, d'une éducation et d'une culture impressionnantes de manière à pouvoir contrefaire à merveille le jeune homme de bonne famille, à l'accent indétectable, aux lectures étendues, aux vêtements choisis. L'acteur disparaît dans son personnage, auquel il donne chair et vie, c'est-à-dire qu'il l'*incarne.* Il devient cette image que confirment les regards approbateurs ou complices. Il est donc parfaitement possible qu'Oscar Wilde se soit plu à attiser nostalgiquement le désir qu'en toute connaissance de cause, il concevait pour John Gray et que cela ait été le point de départ fantasmatique de l'élaboration du *Portrait de Dorian Gray.* Il en restera quelque chose dans ces pages tout au début du roman qui évoquent l'idolâtrie du peintre pour son modèle, des pages que je commenterai le moment venu. Wilde en les écrivant, réinvente pour la revivre toute une liturgie d'adoration à partir du souvenir des quelques rapports sexuels qu'il a pu avoir avec l'objet de toutes ses pensées[1].

1. Neil McKenna voit probablement juste lorsqu'il décrit en ces termes la relation entre John Gray et Oscar Wilde : « John Gray consentit de guerre lasse à

Le désir détermine l'écriture du *Portrait de Dorian Gray*, un désir savamment ravivé qui se dédouble entre la fascination renouvelée pour le souvenir quasi sensuel d'un visage et d'un corps, et qui fait oublier tout le reste, et ce « reste », c'est justement l'interdit moral et policier, l'opprobre, la menace du scandale, les médisances, la honte. L'avers et l'envers d'un portrait, en quelque sorte. Mais comment résister ? Désirer et créer participent d'un même *érôs*, parce que justement *Érôs* est ce Dieu auquel nul mortel ne peut se soustraire, où se conjoignent les puissances créatrice et procréatrice, c'est-à-dire *l'ingenium* et l'amour. Cette idée plaît tout particulièrement à Oscar Wilde, féru de cette culture grecque dont il n'ignore pas les dangers. Une certaine prudence est de mise, comme le confirment les circonstances de la commande et de la rédaction du *Portrait de Dorian Gray*. L'œuvre naîtra d'une occasion fortuite et sans prestige, à savoir la commande d'un magazine américain dont le lectorat est supposément beaucoup moins sophistiqué et peut-être moins farouche que celui de Londres ; et son registre sera particulièrement modeste, à savoir un feuilleton dans le genre populaire, mystérieux et inquiétant à souhait.

Je devine que ce projet d'écriture a pu être tout d'abord perçu par son auteur comme un pastiche innocent avant de prendre l'ampleur inattendue d'une ambitieuse création littéraire. J'irais jusqu'à envisager que l'auteur s'est laissé obséder par la figure solaire d'un jeune homme fascinant, John Gray par exemple, et qu'il a ainsi construit un piège d'écriture où il est lui-même tombé, libérant comme malgré lui le caractère intrinsèquement magique

se faire l'amant officiel d'Oscar, quelques mois après qu'ils eurent fait connaissance. S'il y eut effectivement du sexe entre eux, cela fut davantage un rite de passage, un rite de possession. Pour Oscar, le sexe avec John Gray relevait d'un rituel d'adoration (*act of worship*), tandis que pour John Gray, ce fut la confirmation de son statut social et littéraire. Oscar devint son protecteur, son mécène (*patron*), son bienfaiteur, poétiquement et matériellement », N. McKenna, *The secret life of Oscar Wilde*, *op. cit.*, p. 118 (ma traduction).

et lumineux du désir ainsi que son double enténébré : à travers l'atmosphère proprement fantastique – effrayante, sulfureuse, faut-il le préciser – que le genre du feuilleton commandait ont percolé les angoisses et les terreurs pourtant assourdies que suscitait la violente répression de l'homosexualité à l'époque de la reine Victoria. C'est ainsi que le désir d'écrire ouvre la voie à l'expression du désir. Oscar Wilde s'est lancé dans cette aventure avec tout cela en tête, construisant la structure motrice d'une intrigue proprement fantastique et l'étoffant de quelques images obsédantes venues de plus loin encore – je pense au théâtre shakespearien et à sa propre mythologie personnelle. Tandis que le projet prend de l'ampleur, quelque chose de profond s'y révèle confusément, d'une manière semblable au processus par lequel le tableau va maléfiquement muter. De proche en proche, Oscar Wilde en vient à rendre sa pleine voix au désir qu'il éprouve pour la beauté d'êtres tels que Dorian Gray. Son désir d'écrire et son *éros* s'énergisent l'un par l'autre pour former un mélange détonnant. C'est ce que je voudrais montrer dans le chapitre suivant, à l'occasion d'un exercice de *close-reading* des premières pages du roman, pour faire valoir que le désir du peintre est à la fois ce que celui-ci vit comme une fatalité d'ampleur tragique et ce qui renouvelle radicalement son art, l'arrachant à la force de gravité des convenances et des codes de l'art bourgeois.

Le désir prosaïquement charnel du peintre pour l'une ou l'autre personne qui aura retenu son attention est sans commune mesure avec cette idée d'une beauté transcendante qu'Oscar Wilde prête *de facto* à Dorian Gray. L'enchantement évoqué à l'occasion du portrait et de son modèle n'a pas d'autre réalité que celle de la fiction, de l'écriture. L'auteur s'invente ainsi un personnage du peintre qui, lui, a trouvé ce qu'il a toujours cherché, de ses yeux et par son art, et qui lui révèle en retour l'ampleur de son propre désir – il n'imaginait pouvoir désirer jusqu'à ces excès-là.

Toutefois, il ne suit pas que l'auteur du roman se retrouve dans son personnage, ne serait-ce que parce que le second est une amplification pour ainsi dire exploratoire et expérimentale du potentiel que le premier devine en lui-même. Oui, il y a eu John Gray, qu'il me fallait donc évoquer, mais celui-là était terriblement réel, instrumentalisant sa personne et contrefaisant sa personnalité, simplement pour survivre. Le roman traite d'une tout autre beauté, d'ampleur métaphysique : c'est une chimère d'écriture dont l'idéalité fantasmatique s'incarnerait sans reste en un être vivant et resplendirait *a fortiori* dans la transfiguration qu'en opère l'art. Ce faisant, le roman décrit un tableau et une beauté qui n'existent pas dans la réalité de tous les jours. Il est au pouvoir de l'écriture poétique et littéraire de changer le plomb en or et le visage avenant de celui qui sait quels avantages en obtenir, en un soleil radieux où resplendit l'idéalité platonicienne du beau et du bien.

L'écrivain, selon la conception que s'en fait Wilde, n'écrit guère à partir de ce qu'il sait déjà, de ce qu'il a déjà vu ou vécu : il se fait voyant, d'où l'alchimie du plomb où il perçoit l'éclat de l'or en même temps qu'il l'invente. Il n'écrit qu'en vue de voir et de vivre ce que sa propre écriture va lui révéler. Oscar Wilde est à son meilleur quand son écriture se fait puissamment exploratrice, procédant par déplacements, emprunts, contaminations, inventions et réinventions, pour laisser certains axes affleurer et s'affermir jusqu'à finir par révéler une certaine obsession qui, chez l'écrivain, est à la fois concrète et sublimée : l'obsession de la beauté. Je l'ai dit, la beauté telle qu'il l'envisage dans son roman est en fait une invention d'écriture dont il n'existe pas dans la réalité de paradigme ou de prototype objectif. Cela veut-il dire, *a contrario*, que l'expérience esthétique soit impossible sans la médiation de l'art ? Il n'est pas rare qu'Oscar Wilde défende une thèse aussi extrême, comme on le verra, au prix de paradoxes insurmontables, ce qui probablement en faisait tout le prix à ses yeux. L'antinomie est inévitable : tout est culture, tout est langage, tout est écriture dans une immanence qui finit par stagner dans son jus, et pourtant, l'on n'est jamais à l'abri de cette irruption du divin dans la vie, de cette beauté qui dans son rayonnement plénier, consent à se manifester aux regards dont elle excède de loin la dérisoire capacité. Peut-être que cela n'aura jamais eu lieu, peut-être est-ce sans espoir, mais chacun porte en soi, comme en creux, le pressentiment qu'un tel apparaître devait malgré tout être possible : c'est au fond une interprétation possible de la réminiscence au sens platonicien du terme, qui serait à la fois souvenir d'avant la vie et pré-vision au-delà d'elle. Je serais même séduit par l'idée que le désir ne soit pas autre chose, en définitive, que cette obscure faculté propre à tous les hommes de pressentir cette lumière au fond de leur nuit et de deviner, avant de le voir jamais, l'éclat d'une telle beauté qui est « commencement du terrible », comme l'écrit Rilke dans sa première élégie de Duino.

Le *Portrait de Dorian Gray* est né d'une telle antinomie : d'un côté, c'est un livre d'écriture, et d'un autre côté, c'est ce livre d'écriture qui traite d'une expérience esthétique à ce point bouleversante qu'elle incite à se convertir à un tout autre art, une tout autre vie, un tout autre régime du désir, et tout cela sous l'horizon d'un dénouement inévitablement tragique. Et cette expérience-là transcende en son principe toute écriture. C'est l'antinomie wildienne entre *vivre et écrire*[1] : vivre, c'est-à-dire retrouver et ressentir sans distance la force première, chthonienne et dionysiaque de la vie, avec son cercle vital entre la beauté et le désir, et écrire, c'est-à-dire déployer aussi amplement

1. Je me souviens ici d'une réflexion que fit Wilde à la fin de sa vie devant Anne de Brémont qui la rapporte dans ses mémoires ; je l'ai longuement commentée dans mon premier livre sur Oscar Wilde, *Salomé ou la tragédie du regard. Oscar Wilde, l'auteur, le personnage*, Paris, Éditions de la Différence, 2009.

qu'il est possible, par les ressources du verbe poétique et de la dramaturgie, ce qui se donne comme vie, pour conserver ce que son effet de foudre risque de rendre illisible. Ce roman est à la fois fait une vision et un portrait, une vision dont l'écrit offre le schème au lecteur, qui use pour ce faire de son propre imaginaire, et un portrait éclaté de l'auteur. Pour illustrer ce dernier point, je voudrais analyser maintenant une remarque faite par Oscar Wilde à l'un de ses correspondants, remarque selon laquelle les trois principaux personnages du *Portrait de Dorian Gray* représenteraient sa propre personnalité diffractée entre trois manières de « voir » à peu près incompossibles entre elles.

trois portraits pour le prix d'un ?

> Je suis ravi que vous aimiez ce livre mien, aux étranges couleurs.
> Basil Hallward est ce que je pense être ;
> Lord Henry est ce que le monde pense que je suis ;
> Dorian est ce que j'aimerais être
> – en d'autres temps peut-être[1].

Cette théorie de miroirs fonctionne comme un système d'illusions – « ce que je pense être, ce que le monde pense que je suis... » – dont le schème prismatique est ce livre-là, qui donne à rêver au lecteur. Que son auteur soit lui aussi appelé à se mirer dans un tel miroir composite est chose remarquable. Il s'y montre lucide quant aux deux premiers portraits : il est pour lui-même l'artiste et l'enchanteur qui atteignent au vrai à force de fictions et, pour les autres, une fiction enchanteresse qui n'est qu'un masque

1. Il s'agit d'une lettre adressée à Ralph Payne datée du 12 février 1894, (O. Wilde, *Lettres*, Paris, Gallimard, 1994, p. 190). J'ai substitué ma propre traduction à celle d'Henriette de Boissard, tout à fait méritoire au demeurant malgré les libertés qu'elle prend. Voici l'original anglais : « I am glad you like that strange coloured book of mine : it contains much of me in it. Basil Hallward is what I think I am : Lord Henry what the world thinks me : Dorian what I would like to be – in other ages perhaps ».

social, voire même une armure protectrice. Quant à la figure centrale de Dorian Gray, elle exprime non pas la beauté mais bien plutôt le désir inassouvi de plaire absolument, sans effort ni afféterie et ne dit rien de tout ce qui en est, dans le roman en tout cas, la face sombre. Le fantastique cède le pas au fantasme, un fantasme entrevu et aussitôt refusé : « …en d'autres temps peut-être ».

Est-ce vraiment par la démarche créatrice que Wilde s'identifie d'emblée à son personnage de peintre ? – ou bien est-ce, plus secrètement, par analogie avec quelque désir sans espoir de retour, dont le refoulement implacablement reconduit donnerait naissance à un amour névrotique et obsessionnel ? Une telle névrose emprunterait à l'esthétisme de quoi masquer d'un trompe-l'œil romanesque un désir sexuel tout aussi endurant que sublimé, comme peut l'être celui qui est propre à l'homosexualité victorienne dans ses configurations sociales les plus ordinaires et par conséquent les plus invisibles. L'obsession peut alors prendre la teinture mystique d'une véritable idolâtrie. Son mouvement perpétuel s'obstine dans ses gyrations faute de trouver dans sa propre dynamique de quoi dénouer son intrigue. Car il faut une fin à toute intrigue et celle-ci sera toujours tragique : si le modèle finit par tuer le peintre, physiquement, il n'en est pas moins vrai que ce dernier commence à ressentir l'ombre mortifère d'une certaine fatalité dès qu'il a croisé le regard de celui qu'il aimera silencieusement et invisiblement, faute de pouvoir aller jusqu'au bout naturel de son désir et s'engager avec lui dans le corps-à-corps sexualisé. Je le détaillerai plus loin, quand Basil Hallward relate sa toute première rencontre avec Dorian Gray et qu'il use du registre, très sombre, du pressentiment. Parce que son obsession est sans dépli, le personnage du peintre ne peut décoder instantanément les mille détours de la logique perverse que maîtrise parfaitement la seconde figure du triptyque, Lord Henry. Ce personnage a ceci de particulier qu'il n'évolue aucunement tandis que se déroule l'intrigue. Il est ainsi au plus proche de la position de l'auteur, qui est forcément et invisiblement égal à lui-même d'un bout à l'autre du livre, mais l'essentiel, me semble-t-il, est que Lord Henry prône une sexualité libérée de toute névrose, de toute honte, de tout péché, ce qui fait de son personnage l'antithèse de celui du peintre. Toutefois, sa recherche constante du plaisir qu'il élève à la dignité d'une véritable philosophie de la vie, semble peu à peu retomber comme un soufflet, faute d'une transcendance – qui pourrait être celle de la beauté pour autant qu'elle soit absolue – et parce qu'il s'en tient mélancoliquement à l'immanence propre aux facilités de la séduction et du sexe de consommation. Sa culture hédoniste se résume à l'alliance suspecte d'une joie de vivre qui sonne faux avec sa virtuosité « conversationniste » et ses bonnes manières, et d'une débauche inaudible et invisible, mais dont l'on détecte confusément l'entêtant parfum.

Le personnage du peintre figure une homosexualité effrayée et maniaco-dépressive ; celui de son ami, Lord Henry, une sexualité constamment codée, décodée et recodée, qui pourrait passer pour authentiquement sincère, justement parce qu'il reste le maître du jeu dans cette comédie sociale où la vérité serait une faute de goût. Dorian Gray, quant à lui, n'existe pas encore. Il est ce que l'on voit de lui, sans aucune conscience de l'effet qu'il produit chez certains, jusqu'au moment où contemplant son miroir, il se voit enfin, pourrait-on dire. Dorian Gray, qui est le dernier moment du triple autoportrait que Wilde détaille en l'organisant autour de lui-même, ne connaît ni honte, ni péché, tant au début où son innocence et son ignorance de la vie l'en prémunissent, qu'à la fin, où il n'a pour âme qu'une sourde détermination à suivre son seul désir, qui vire irrésistiblement à la pulsion de répétition. Il ne sait rien de cette *altérité* de soi-même à soi-même qui est sous-jacente à la honte et à la culpabilité. Face à lui,

Lord Henry se voit bien en mentor, qui lui enseignerait comment se garder de toute influence, hormis la sienne. Dans l'esprit de Lord Henry, l'idée-maîtresse d'une telle formation serait de faire de Dorian Gray un « sujet », c'est-à-dire de le subjectiver pleinement à partir de son seul potentiel sexuel, ainsi qu'on le devine sans peine. Mais celui-ci peine à exister et n'évolue guère, échouant à être autre chose qu'un portrait – dont la mutation maléfique l'informe sur ce qu'il devient – ou un épigone, un décalque approximatif dont le modèle serait Lord Henry, dont l'influence a pour effet, tel qu'il l'explique, de faire de son disciple « l'acteur d'un rôle qui n'a pas été écrit pour lui[1] ». Le *Portrait de Dorian Gray* qui semble tout d'abord se couler dans le moule du classique *Bildungsroman*, c'est-à-dire du roman d'initiation et d'éducation, révèle progressivement sa particularité de procéder à l'envers pour chroniquer une irrésistible régression.

le désir et sa douleur

Ce triple autoportrait improvisé renvoie par prétérition à un quatrième personnage, celui de Sibyl Vane, qui donne figure à la douleur, avec sa double génération, artistique et existentielle. Artistique parce qu'elle fait fond sur le répertoire du théâtre élisabéthain, si riche en figures de la détresse absolue. Existentielle, parce que c'est là le chiffre secret de l'âme de Sibyl Vane.

1. Je pense à cette remarquable discussion entre Dorian Gray et Lord Henry, à propos de l'influence du second sur le premier. Lord Henry par des sentences malicieusement sérieuses, lui dit tout bonnement la vérité dont il est certain qu'elle sera ni comprise, ni acceptée : « Une bonne influence, ça n'existe pas, Monsieur Gray. Toute influence est immorale – immorale du point de vue scientifique. (...) Parce qu'influencer quelqu'un, c'est lui donner son âme. La personne ne pense pas par elle-même et ne s'enflamme pas de ses passions propres. Ses vertus ne sont pas les siennes et ses péchés, s'il existe quelque chose comme des péchés, sont d'emprunts. Elle devient un écho de la musique d'un autre, l'acteur d'un rôle qui n'a pas été écrit pour lui. » (*Portrait*, p. 61-62).

À partir de cette donnée dédoublée, l'intrigue du roman pourra s'enclencher. Je voudrais insister sur cette particularité propre au dédoublement, qui n'est pas qu'un procédé littéraire : le double offre un espace et une matière au malentendu dont la phase aiguë est le dilemme tragique, comme on le sait depuis Aristote. Au-delà de cette première donnée, tout le roman est ombré par un effet de rumeurs sourdes qui s'étoffent inexorablement en un orage d'angoisses et de terreurs dont on attend une foudre définitivement conclusive. Déjà, le personnage du peintre contient tous les composants d'une équation tragique, de par son désir radicalement frustré dont il tire cependant de quoi renouveler son art. À travers lui, l'on sent poindre ce qu'Oscar Wilde tait et qu'il ne pouvait guère expliciter davantage, à savoir la violence démesurée de la répression politique et policière de l'homosexualité en cette fin de siècle.

De prime abord, le *Portrait de Dorian Gray* est une histoire de beauté divine, exaltée via un schème fantastique jusqu'au démoniaque. Le lecteur se laisse gagner par l'enchantement et ne voit pas ce que de toute façon on ne peut pas lui dire simplement, à savoir qu'une telle beauté peut bien, c'est naturel, susciter du désir à hauteur de son exceptionnalité, mais qu'un tel désir n'a pas droit de cité, pour des raisons parfaitement étrangères à l'idée que l'on peut se faire de la beauté, quelle qu'elle soit. Ce même lecteur ne verra pas plus clairement l'analogie qui s'impose pourtant à la réflexion entre l'exaltation de l'amour impossible dans le théâtre élisabéthain et la frustration du désir homosexuel que les autorités victoriennes répriment sauvagement. L'un et l'autre – d'où la possibilité d'une analogie – ressortissent également à une contradiction performative, c'est-à-dire un dilemme. Par exemple, chez Shakespeare, Roméo et Juliette s'aiment impossiblement parce qu'ils ne peuvent pas échapper aux réseaux de loyauté et de haine de leur clan respectif. Par exemple, dans la société londonienne des années 1890, désirer et aimer quelqu'un de son propre sexe, c'est s'obstiner dans le péché, la pathologie et le crime. Les douleurs qu'engendrent de telles situations politiquement bloquées tendent à l'absolu et par là à l'universel : magnifiées au théâtre, elles sont tues dans la réalité.

Tout dans le *Portrait de Dorian Gray* évoque de près ou de loin l'homosexualité et sa répression. L'autocensure et le silence sont de règle. Oscar Wilde pouvait s'illusionner sur la possibilité de jouer double jeu, de dire sans dire et de se faire comprendre de tous sauf des autorités morales et policières; quoi qu'il en soit, on réduit aujourd'hui son roman à un palimpseste de la cause *gay*. L'on perd de vue, ce faisant, la stigmatisation paranoïaque dont l'homosexualité faisait l'objet dans l'Angleterre à la fin du dix-neuvième siècle. L'on perd de vue la dimension également paranoïaque de cette pratique sexuelle, toujours déjà réduite à la clandestinité, la marginalisation et la délinquance. Il en résulte un effet de silhouette dépourvue de toute profondeur : moyennant un schème fantastique, la fatalité qui s'attache à la beauté de Dorian Gray ne semble concerner que lui, et son destin, en forme de course à l'abîme, occupe constamment le devant de la scène dans ce roman. L'éclat exalté de sa beauté – ou plutôt l'idée sublime qu'Oscar Wilde suscite dans l'imagination de ses lecteurs – masque ainsi l'effet de malédiction sociale et politique que ressentent des homosexuels plus ordinaires, dont elle est en même temps l'envers du tableau, la secrète métaphore, l'insistant ostinato qui murmure à bas bruit. La passe est en elle-même magique : la beauté qui suscite du désir est en retour une image que ce désir conjure, à lui seul et à vide par les moyens de l'écriture, et ce désir à son tour renvoie à un horizon plombé et bitumineux, qu'il suscite et qui le détermine en retour. Aucune transitivité ne permet de passer du premier plan au second, de cette perspective qui va de la beauté au désir, et à celle qui procède du désir à cette atmosphère menaçante. En guise d'alchimie, ce serait la transformation de l'or de la beauté désirable en plomb du désir haïssable. Rien de tout ceci ne s'explique pas les moyens ordinaires du réalisme littéraire. Il y faut le détour d'une fiction à serrures et trucages fantastiques, mais c'est là, confusément il est vrai, le vrai sujet du livre.

Disons-le plus simplement encore : la répression politique, médicale et religieuse de l'homosexualité n'a guère à voir avec le désir, la beauté, le sexe. Elle atteint son paroxysme de violence paranoïaque dans un moment et un lieu très particuliers, ce moment où triomphent en Angleterre la rationalité scientifique et industrielle et son idéologie scientiste et positiviste. Le fait est que le processus obsessionnel par lequel l'homophobe assigne à l'homosexuel la cause de la violente agressivité que ce dernier lui inspire est profondément magique et il n'est certainement pas rationnel ou scientifique. Notons-le, ce genre de répression politique, médicale et religieuse n'est pas spécifique de l'homophobie : on la retrouve en d'autres formes dans toutes les sociétés, à tout âge, avec des cibles variables et une intensité comparable dans la sauvagerie de ses mises en œuvre : je soutiendrai volontiers la thèse que la stigmatisation de l'homosexualité victorienne est structurellement analogue, *mutatis mutandis*, à celle des Juifs au tournant du siècle jusqu'à la seconde guerre mondiale[1]. Elle est également comparable, cette stigmatisation, au statut minoritaire des femmes à tout moment de l'histoire humaine, avec sa charge de haine et de mépris, de honte et de minorisation, à telle enseigne que l'on reprochera à l'homme homosexuel non pas tant de désirer d'autres hommes

1. Aucune hiérarchisation des souffrances ne serait acceptable dans un tel contexte : ce serait procéder à partir du point de vue de l'agresseur. Dans un camp de concentration nazi, il vaut mieux se faire passer pour juif plutôt que de s'avouer homosexuel, même de race aryenne.

que de les inciter à le traiter en femme dans la relation sexuelle pensée selon le paradigme hiérarchique et éthologique de la dominance. Quant à la sexualité elle-même, toutes orientations confondues, reconnaissons qu'elle terrifie tout autant qu'elle fascine – encore une occurrence fascinante du *deinos* – dès lors qu'il entre toujours un peu de terreur dans la fascination, et de la fascination dans la terreur, sans que l'on puisse vraiment les distinguer dans le désir sexuel en général. Tout un livre, j'en suis conscient, ne suffirait pas pour documenter et argumenter ces dernières observations, que je préfère mentionner ici à titre d'hypothèse de lecture, plutôt que de contribuer à un déni socialement structuré par un silence que motiveraient une pudeur et/ou une pusillanimité simplement académiques.

Dans un tel contexte, il nous faut tenter de répondre à cette question fondamentale : est-ce qu'Oscar Wilde a vraiment voulu, dans son *Portrait de Dorian Gray*, promouvoir ou critiquer l'homosexualité dans la société de son temps ? – Pas du tout, à l'évidence. J'ai rappelé que ce *Portrait* fut à l'origine une œuvre de commande destinée à une publication en feuilleton dans un magazine américain : on est très loin de Londres et, par conséquent, très loin de tout... À tout prendre, dans la première intuition que Wilde en aura eue, ce livre n'a guère été plus qu'un divertissement troussé avec brio dans le genre populaire, en en reprenant par jeu les codes et les clichés comme autant de contraintes oulipiennes. Là aussi on est bien éloigné de l'ambition altière du roman sérieux tel qu'on pouvait en lire à la même époque. Conscient toutefois de jouer aux limites, Wilde a dû se persuader que cette pochade ne serait guère prise au sérieux et que le sous-texte en resterait lettre morte pour le *vulgum pecus* américain. Wilde est joueur, sinon flambeur. Tant qu'il gagne, il joue : il écrit loin de l'esprit de sérieux et du fantasme du futur « grand écrivain » et il écrit au plus près, dangereusement, d'une vérité à la fois artistique et sexuelle, selon les deux attributs principaux du dieu *Érôs*. Un espace tout *autre* s'ouvre : il fait l'expérience d'une nouvelle manière d'écrire dont l'énergie inouïe lui vient de ce qu'il explore un désir particulier qu'il apprivoise en même temps qu'il l'assume. De cette énergie, il façonne la figure chimérique et intensément réelle d'un être extraordinairement beau, que l'on ne peut pas s'empêcher de désirer. « Ce n'est pas moi qui ne saurais s'empêcher de désirer… c'est lui qui est irrésistiblement désirable… » : ainsi fonctionne le fétiche fantasmatique, celui qu'on adore adorer et qui fonctionne, contre toute attente, sur le même modèle de la stigmatisation propre à toute haine sociale : « Ce n'est pas moi qui hais, c'est lui qui est haïssable… ». Dans les deux cas, nul besoin de preuve basée sur des faits. L'énergie du fantasme, sexuel ou haineux, pourvoit à tout. En d'autres termes, voilà l'écrivain qui vit en première personne cette métamorphose existentielle qu'il prête à son personnage du peintre, comme je l'évoquerai en détail dans le chapitre suivant.

Voilà donc un exercice de style, une commande, une récréation… voilà donc les conditions réunies pour recouvrer dans l'écriture, une liberté qui convient on ne peut mieux à un écrivain qui se cherche encore et qui pressent que l'écriture littéraire est moins l'affaire d'un style que l'aventure d'une *invention*, qu'il faut entendre ici comme ce mode de divination exploratoire dont la mantique serait scripturale. Voilà donc un espace en lequel il ne se sentait pas tenu d'œuvrer avec sérieux et de s'engoncer dans la vêture écrasante du futur grand écrivain, une prise de rôle qui aura gâté bon nombre de vocations littéraires à la même époque. Le point de départ du roman reste encore et toujours l'Idée d'une beauté absolue dont l'absoluité même produirait des effets fantastiques. Une Idée qui n'est pas neuve en elle-même. Le reste vient par la puissance intrinsèque de l'écriture et par la règle du jeu que Wilde s'est donnée, avec ce schème fantastique du portrait mutant et de la jeunesse éternisée de son modèle. Et ce schème lui-même, de type faustien, fonctionne autant *dans* le roman que *pour* son auteur : j'aime assez l'idée qu'en mettant en œuvre un tel schème jusqu'en ses dernières conséquences, Wilde se soit lui-même pris à son propre piège. D'une chose à l'autre, le motif homosexuel se sera insensiblement imposé de par la dynamique d'une écriture qui se cherche et qui produit cette pensée même dont on pourra dire *a posteriori* qu'elle en était l'inspiration première. De par un effet semblable au *retour du refoulé*, un souci existentiel se sera diffusé insidieusement dans l'atmosphère et l'intrigue fantastiques à travers ce climat de terreur qu'il s'agissait par convention de rendre. Ceux qui écrivent connaissent bien ce phénomène : on commence à écrire, à partir d'un dessein bien arrêté et, petit à petit, *ça* s'écrit, avec parfois cette impression fascinante que l'on écrit sous la dictée d'on ne sait quelle voix démonique.

Le genre fantastique, lui aussi, recèle des significations à peu près cachées sous l'idée que l'on s'en fait ordinairement, à savoir un type de divertissement particulièrement insignifiant. Or le fantastique a une histoire, qui coïncide avec celle de la modernité scientifique et industrielle. Cet univers si particulier, au sein de l'espace littéraire d'alors, devient ce lieu où s'expriment métaphoriquement les angoisses que suscite une modernité par ailleurs triomphante. Et ces angoisses, qui ne peuvent se dire et s'affronter directement, font retour, sous couvert de fiction, à un fond profondément irrationaliste que peuplent les figures de la monstruosité au cachet à la fois archaïsant et ultra-moderne[1].

1. Dans son remarquable ouvrage, *The Modern Gothic and Literary Doubles : Stevenson, Wilde, and Wells* (New York, Palgrave McMillan, 2003), Linda Dryden évoque la figure du double monstrueux sur fond d'un monde sourdement dantesque, qu'elle interprète comme la métaphore de la modernité urbaine et industrielle.

Le monde-machine qui en émerge se peuple de fantômes, d'esprits animaux, de monstres et de chimères qui distillent une délicieuse sensation de terreur et de merveilleux : pour cette nouvelle rationalité, qui consomme le désenchantement de tout sentiment religieux, rien de tout cela n'existe et c'est cette inexistence-là qui les rend à leur force première. Le fantastique, c'est cela : quelque chose qui n'existe pas mais qui agit quand même, et d'autant plus fortement. Cela pourrait être une bonne définition de la magie, blanche ou noire, en cette époque singulière où l'idéologie commune la nie la plus farouchement. Les lignes de partage entre les dieux, les hommes et les animaux mutent et délimitent désormais le monde du vivant et du machinique, sans plus laisser de place en extérieur ou au-delà des cieux aux formes traditionnelles de la transcendance : celle-ci vient désormais de l'intérieur, dévoilée par la psychanalyse naissante. L'homme réalise alors qu'il est à lui-même le danger majeur, avec son fond d'animalité, voire même de bestialité, qu'il cherchera toujours à se figurer et à s'opposer, à la fois pour l'identifier et pour se dire qu'il n'est pas *cela*, qu'il est tout sauf *cela*. Dans ce contexte, la teinte maléfique dans l'imaginaire en général charrie en ses eaux troubles toute l'angoisse que suscite la stigmatisation politique dont l'homosexualité victorienne est constamment frappée.

L'atmosphère angoissante qui donne ses couleurs au fantastique du *Portrait de Dorian Gray* est sans explication – et le lien avec les effets angoissants de la répression victorienne de l'homosexualité en est totalement estompé. Elle se confond aisément avec un effet artistique de flou, dont l'image est le *fog* typiquement londonien – ce brouillard qu'un certain Turner aura enfin rendu visible – et qui convient tout à fait au style voulu pour ce roman. Le danger est bien palpable, mais il n'a pas de nom : c'est une figure possible du mal absolu. Deux forces démoniques s'y conjoignent, l'urgence propre à un désir sexuel constamment réprimé et l'angoisse paranoïaque qui l'accompagne dès lors que l'homosexuel victorien ne peut éviter d'intérioriser la menace de mise à mort sociale qu'une simple dénonciation concrétiserait. Le fond du roman est très sombre, quand bien même tous les regards convergeraient inévitablement vers ce rai de lumière que l'idée même de la beauté absolue conférée au personnage de Dorian Gray produit dans l'esprit du lecteur, qui à son insu lui prête sa propre énergie libidinale.

Oscar Wilde, comme Basil Hallward, est fou de beauté et c'est cela qui lui fait cruellement sentir qu'il ne la possède pas, cette beauté, ou qu'il ne l'a plus. Séduire dans ce dernier cas devient presque une affaire de vie ou de mort. Le courage insigne de l'homosexuel qui s'assume crânement ne le rend pas nécessairement irrésistible et, en tout cas, il ne lui épargne pas pour autant les ravages de l'âge. Face à la beauté telle que l'écrivain et le peintre, son double, l'envisagent dans son absoluité, le vieillissement qui progressivement transforme tout visage en sa caricature a moins la valeur d'un péché rendu visible que celui d'un obscur châtiment d'on ne sait quel crime. Quant à lui, Dorian Gray est construit comme un personnage faux[1], c'est-à-dire un antipersonnage, tout en trompe-l'œil de par son secret dédoublement, entre la vie et l'image, entre le bien et le

1. Je le dirais plus simplement encore : dans ce roman, tout est faux par nécessité. Chaque personnage ne tient que par le contrecoup d'une exagération généralisée – Dorian est *absolument* beau, son ami peintre peint *absolument* bien et Lord Henry maîtrise *absolument* les codes du beau monde. Ramenez tout cela à une proportion plus humaine et plus « réaliste » et tout s'effondre : que serait donc ce roman si Dorian était simplement joli garçon sans pour autant subjuguer tout le monde, que Basil se débrouillait bien dans le positionnement de plus en plus précaire de l'art déclinant en concurrence avec la photographie en plein essor, et que Lord Henry n'était qu'un bel esprit de plus? Plus rien ne fonctionnerait car le trucage fantasmatique requiert le surdimensionnement propre à l'absolu. Mais il s'agit d'écriture : il suffit d'écrire le mot « absolu » ou d'en faire entendre l'harmonique, et la scène s'éclaire tout soudain, *a giorno*.

mal, entre le beau et le laid. Toute sa psychologie est préemptée par les besoins de l'intrigue, dont le *télos* est la description d'une invincible dégénérescence rendue visible via un schème irréel. Sa beauté, indéniable quant à ce que l'on peut en voir (à travers le regard de chacun des lecteurs du roman selon leur sensibilité respective), fait image parce qu'on ne peut pas la voir autrement dès lors qu'on la désire. Sa laideur, qui accède de par l'hypothèse fantastique au registre inattendu du visible, est elle aussi une image, elle aussi impossible, qui peut bien être ce que l'on devient lorsqu'on ne cesse pas de désirer ce qui n'est que chimère, idole, image peinte ou photographie pornographique. Dans le roman, aucune interprétation n'est donnée explicitement de cette mutation : la laideur, qui semble être le fait d'un anti-miracle – au fond, c'est cela la définition la plus appropriée du fantastique, un genre de miracle dont seuls les démons pourraient être capables – donne à voir une âme qui ne cesserait de s'endetter irrémédiablement, de par la conséquence, directe mais mystérieuse, d'un pacte. Un pacte, oui, mais nul Méphistophélès n'apparaît devant le vieillard Faust car l'intrigue goethéenne est inversée, entre jeunesse et vieillesse, puisqu'on commence avec le très jeune Dorian Gray pour lui faire devoir sa jeunesse prolongée absolument – et qui en cela conjoint en son éclat propre l'éternité divine et l'instant présent – à quelque marché mystique passé sans contractant, sans écrit, sans signature… Si la beauté d'un jeune homme vous paraît divine, il devrait vous incomber, pour votre sécurité, de deviner l'identité de ce dieu auquel vous avez affaire et ce qu'il vous veut.

Quant à Lord Henry, c'est un homosexuel déjà mûr et vieillissant qui doit pallier l'usure visible du temps par le contrepoids d'une génialité de tous les instants. C'est un enchanteur, dont la verve et le goût des paradoxes ont quelque chose de discrètement méphistophélique. Lui aussi est une image.

Elle est celle, nous dit Wilde, à laquelle tout le monde l'identifie volontiers : un escroc existentiel, bonimenteur, séducteur et profondément superficiel. Est-ce là un autoportrait ? – Oui et non, parce qu'Oscar Wilde *joue* à être Lord Henry, comme on le ferait d'un personnage, à ceci près qu'au fond, il voudrait plutôt plaire par lui-même, sans cette théâtralité factice qui l'oblige à jongler avec les doubles sens pour faire entendre son désir tout en le faisant passer pour tout autre chose : pour de l'esprit et rien que cela, par exemple. Dans la bonne société, tout est semblance, tout est faux. Lord Henry est un masque pour Oscar Wilde, qui en joue pour abriter d'abyssales profondeurs de pensée sous cette guise de clown sublime : il tire ainsi son épingle du jeu à se savoir le seul à y demeurer lucide, à ne jamais y croire. C'est bien lui, Méphistophélès, en dernier ressort, puisqu'il est l'auteur du roman, mais il est également Faust puisqu'il est le tout premier destinataire de l'enchantement démonique qu'il s'invente par les moyens de la fiction littéraire. Dans ce monde du faux par défaut et du trompe-l'œil généralisé en un décor surdimensionné, qui est aussi le monde de *l'épistémè* dominante, Oscar Wilde ne cesse de s'orienter par rapport à ce qu'il tient pour vrai et qui est hors-monde. Et en fait, seule la beauté est vraie. Parce qu'on ne peut pas feindre d'être beau.

chapitre 2
le portrait, son peintre et son modèle

Les premières pages du *Portrait de Dorian Gray* sont décisives : un dialogue très étendu entre le peintre, Basil Hallward et son ami qui vient le visiter, Lord Henry, rebondit et ricoche de manière fascinante entre différentes perspectives : la beauté et sa reproduction, l'art et son développement historique, le désir et la nécessité de le taire et de le sublimer et, bien sûr, dans sa partie plus « psychologique », le versant tragique de ce désir, en tant qu'il attire sur soi la foudre de l'ire populaire, en quête d'occasions d'assouvir sa charge accumulée de haine et de violence, selon un *modus operandi* qui décalque, je le montrerai, le processus propre au désir sexuel. Par leur densité même, ces pages se prêtent très mal au résumé. Leur tonalité bien souvent philosophique ne recèle pas de cohérence systémique : c'est une conversation à bâtons rompus, qui, à la manière d'une fantaisie chromatique, module sauvagement entre des tonalités fort éloignées les unes des autres, avec de brusques arrêts, des bons mots, des virages en épingle à cheveux et même des demi-tours déconcertants. Tout l'intérêt philosophique du roman se concentre dans ces pages que j'ai résolu d'analyser dans ce chapitre en proposant un *close-reading* pour rendre le plus fidèlement possible la manière dont Wilde prête à ses personnages ses propres thèses tout en les dissimulant au milieu d'opinions plus convenues qui lui sont le moins idiomatiques.

À vrai dire, il n'y a pas vraiment de distance entre ce que Basil Hallward, le peintre, pense de l'art et ce que Wilde en a dit ailleurs, notamment dans les différents textes du recueil *Intentions* qui date également de 1891. Mais il ne suffira pas d'énoncer que tous deux sont fascinés par la beauté, car la démarche du peintre et celle de l'écrivain diffèrent phénoménologiquement. Il nous faudra en prendre précisément la mesure car c'est à travers le regard du second que nous découvrons le premier. Écrire, ce n'est pas peindre. Toutefois, tandis qu'il est tout à fait possible, nous le verrons, de faire imaginer, par l'écriture, la vision propre au peintre, l'inverse ne tient pas non plus. Peindre, ce n'est pas écrire. Peindre – et encore moins photographier – s'avère incapable de montrer ce que l'écriture suscite comme une endurante chimère dont l'imagination du lecteur en vient à ressentir la présence, comme ce qui constituerait le personnage même de Dorian Gray, avec son absoluité esthétiquement exaltée.

« au centre de la pièce, …un portrait »

C'est l'histoire d'un portrait. Qui dit portrait, dit peintre et image : le titre du roman annonce une *Picture of Dorian* Gray, le terme anglais désignant aussi bien le pictural que le photographique. Mais qui dit histoire, dit écriture, et la substitution du lisible au visible est d'autant plus invisible que la fiction fonctionne au mieux. C'est ainsi que dans le texte même du roman, le fameux portrait, celui de Dorian Gray, apparaît tout d'abord comme un scotome, un centre aveugle, un point de fuite à peu près opaque. Pour l'auteur, la gageure, d'entrée de jeu, aura été de concentrer toute l'attention du lecteur sur un tableau somme toute vide, puisque rien n'en a été encore dit et rien ne peut en être dit. On peut en effet nommer une puissance de beauté « extraordinaire » mais on ne peut pas la dire et encore moins la montrer via l'écriture. Il faut, d'un mot, en dire le paradoxe fondamental : *la beauté idéale est ce qui se tient absolument en dehors de l'écriture et pourtant c'est bien l'écriture, et rien d'autre, qui peut l'installer à ce niveau d'absolu* qu'entérine l'imagination mais que la simple vue démentirait. Dans la vie réelle, chacun voit la beauté selon sa sensibilité et l'absolutise selon son goût. Tel qu'il est énoncé ou annoncé, le portrait fera l'effet d'une énigme rayonnante. Oscar Wilde se montre ici d'une remarquable concision, par contraste avec la première page du roman particulièrement surchargée de notations sensualistes :

> Au centre de la pièce, fixé à un chevalet vertical, se dressait le portrait en pied d'un jeune homme d'une extraordinaire beauté...[1].

Du portrait lui-même, il n'y aura aucune *ekphrasis* : on ne saura rien de la position du sujet, de sa posture ou de son déhanché, de sa taille, de ses couleurs, du décor qui l'entoure si décor il y a... l'on ignorera tout de ses vêtements, de la direction de son regard sans parler du traitement pictural dont la gamme des possibles peut aller d'une grande précision dans le dessin à un style plutôt flouté dans la manière d'un Turner ou *a fortiori* d'un Whistler. Tout est laissé à l'imagination du lecteur qui peuple la scène de ses propres fantasmes tout en se croyant nourri par le rêve projeté par l'auteur. Et justement, il s'agit bien de cela : l'éclair foudroie et aveugle instantanément. Il suffit de rendre *de facto* le résultat d'une telle cécité – on ne voit rien, il n'y a rien à

1. La traduction de qualité due à Richard Crevier omet une épithète décisive : il s'agit en effet du « portrait of a young man of extraordinary *personal* beauty... » (*Portrait*, p. 18, nos italiques). Impossible de parler, en français, de la beauté « *personnelle* » d'un tel ou d'une telle. Ici, l'anglais *personal* prend le sens de ce qui tient à la personne (plutôt qu'à sa propriété) : très simplement, la beauté du tableau procède du modèle et non pas de l'art propre au peintre.

voir – pour que subrepticement l'on subodore l'effet d'une foudre que l'on n'a peut-être pas vu passer. Comment faire voir, à travers l'écriture d'une fiction, un tel portrait ? – tel est le problème plutôt technique qu'il faut résoudre ici et dont la solution consistera à faire tout dire par un tiers qui, lui, est supposé voir de ses yeux tout ce qu'il y a à voir. Au narrateur impersonnel qui a entamé ce récit, va peu à peu se substituer Lord Henry, l'ami de toujours, en visite dans l'atelier du peintre. C'est lui qui va dire et répéter que le portrait est un chef-d'œuvre, ce qui permet à l'auteur de s'épargner toute *ekphrasis*, ou, en d'autres termes, ne pas dire ce que ce tableau montre :

> C'est votre meilleure œuvre, Basil, ce que vous avez fait de mieux, dit Lord Henry d'une voix alanguie <*languidly*>... (...) Un portrait comme celui-là vous classerait loin au-dessus de toute la jeunesse anglaise et rendrait les vieux jaloux... [1].

On passe insensiblement de la première idée, celle d'une beauté extraordinaire, au statut extraordinaire d'une œuvre d'art, qui tient tout d'abord à l'excellence de sa facture, en contournant le phénomène fondamental de la beauté plastique de quelque jeune homme dont on ne sait encore rien et dont il faut concevoir qu'elle a été transfigurée par le travail du peintre : la beauté de l'art prévaut encore sur celle de la nature. La construction se complexifie peu à peu, dans la mesure où l'intérêt du lecteur va être bientôt attisé par une diversion essentielle : pour une raison tout d'abord mystérieuse, cette réussite absolue doit rester cachée. Tel est le vœu de son auteur. Le paradoxe d'une telle position – un chef-d'œuvre qu'il faudrait rendre clandestin, en raison justement de sa réussite – est bien sûr de nature à susciter mille questions de la part de Lord Henry, mille questions et mille réponses qui dans la difficile progression d'un véritable processus de dévoilement, dessinent en creux toute une politique du visible et de l'invisible,

1. *Portrait*, p. 44-45.

de l'obvie et de l'obscur, de l'évidence et de l'inévidence, de l'exposition publique et du secret privé. L'aura propre au portrait est momentanément éclipsée par ce trou d'ombre qu'est l'énigme que le peintre énonce sans pouvoir s'en expliquer simplement :

> Je sais que vous allez rire de moi, ..., mais il m'est vraiment impossible de l'exposer. J'y ai mis trop de moi-même[1].

À partir de cette très énigmatique explication, une rhétorique complexe se met en place, doublant subtilement l'impossibilité de montrer le tableau par une égale impossibilité d'en expliquer la raison... Ne pas montrer, ne pas dire. Les lecteurs avertis ont bien sûr tout compris, ne serait-ce que parce que l'auteur a déjà parsemé son récit d'indices invisibles pour le commun des mortels et parfaitement transparents pour les initiés : ce portrait ne peut pas être montré parce qu'il dit clairement, selon le peintre, la nature de ce désir sien qui a donné lieu à une très picturale déclaration d'amour, pour ainsi dire. Pour l'époque, l'homosexualité, même à l'état de soupçon, n'a rien de banal et elle est synonyme de mort sociale si sa réalité en vient à être établie. La subtilité rhétorique de la construction revient à bâillonner un début d'aveu par un énorme contresens, que l'on peut au choix trouver naturel ou forcé. Lord Henry va en effet entendre (ou feindre d'entendre) littéralement les propos du peintre, qui, s'il imagine avoir trop mis de lui-même dans son portrait, doit nécessairement signifier qu'il pense s'être représenté lui-même comme en un autoportrait. La réponse, cocasse, consistera à souligner qu'en aucun cas, le modèle et son peintre ne peuvent se ressembler physiquement et je dirais même, *photographiquement* :

> Trop de vous-même ! Ma parole, Basil, je ne vous croyais pas si fat et je ne vois pas la moindre ressemblance entre vous – votre visage aux traits lourds et irréguliers et vos cheveux noirs comme le charbon – et ce jeune Adonis que l'on dirait fait d'ivoire et de

1. *Ibid.*

> pétales de roses. Enfin, mon cher Basil, lui, c'est un Narcisse, tandis que vous... enfin, vous avez tout de l'intellectuel[1].

Un tel procédé humoristique offre l'occasion non seulement d'enrichir le portrait littéraire des deux personnages principaux – le faciès de faune intellectualisé du peintre contraste de manière comique avec la splendeur de ce « jeune Adonis » – mais encore d'en faire dire davantage à Basil Hallward sur son art et son désir, dans une discussion décisive sur la nature de la beauté, tant physique que métaphysique. Lord Henry délaisse le ton plaisant et badin de l'insignifiance ouvragée pour énoncer bien plus droitement le sens profond qu'il assigne à cette beauté qu'il dit « véritable » et qu'il oppose énigmatiquement à l'intellect :

> ...la beauté, la beauté véritable <*real beauty*>, est incompatible avec un air intellectuel. L'intelligence a, par nature, toujours quelque chose de forcé qui détruit l'harmonie d'un visage. Dès que quelqu'un s'assoit pour penser, il n'est plus que nez, front, ou quelque chose d'affreux... (...) Votre jeune et mystérieux ami, dont vous ne m'avez pas dit le nom mais dont le portrait me fascine vraiment, ne pense jamais, lui. J'en ai l'intime conviction. Il s'agit d'un être beau, sans cervelle... Ne vous flattez pas, Basil : vous ne lui ressemblez pas le moins du monde[2].

Quel serait donc l'antonyme de *véritable* ou plus exactement de *réel*? – ni le surréel ou l'idéel dans ce contexte, mais bien plutôt l'artificieux ou même le faux, d'où la précision éloquente sur ce « quelque chose de forcé » qui accompagne « toujours » l'intelligence. Les interprétations que je pourrais avancer vont toutes paraître hautement spéculatives et il ne saurait en être autrement; elles ne forment pas entre elles un système et en

1. *Portrait*, p. 44-45.
2. *Ibid.*, p. 44.

appellent davantage à l'imagination qu'à l'intellect, parce que celui-ci est justement toujours quelque peu « forcé ». C'est d'ailleurs là tout le propos de Lord Henry : en effet, la conversation va bientôt rouler sur des sujets d'histoire de l'art et pour aboutir à la nécessité de son renouvellement. Le thème souterrain que je subodore ici est qu'un art cesse d'être vivant à proportion de ce que l'artiste se fait plus intelligent qu'inspiré. L'intelligence, en art, est la maîtrise absolue des techniques qui compense obscurément la perte de toute dimension divinatoire. Un tel artiste, si tard venu, pourrait même subsumer dans son œuvre l'essentiel de l'histoire de son art qui l'aura précédé parce qu'il soupçonne qu'il en est déjà le dernier maillon : cet art, il le sait, est exsangue et c'est justement ce qui le porte à la réfléchir, selon un cercle vicieux qu'on pourrait éviter si l'on prenait conscience de ce que l'on ne peut jamais pallier le vide spirituel par un surcroît d'intellectualité. Les grandes œuvres du passé doivent leur évidente fraîcheur à une certaine forme de naïveté, laquelle est refusée aux tard-venus : Basil Hallward pense, sait et fait comme s'il obéissait à une force transcendante dont il espère qu'elle le rende visionnaire. Là est le moteur de sa plus récente évolution. Mais quelle est donc cette inspiration indicible, à la fois dionysiaque et apollinienne dans le mystère de leur réconciliation originelle, qui dynamiserait un art et le ferait renaître ? C'est toute la question qui émergera avec une conceptualité de plus en plus nette dans cette conversation qui s'ébauche entre le peintre et son ami, dont le *télos* sera, bien sûr, à la fois élusif et évident.

Pour l'instant, reconnaissons-le, Lord Henry s'exprime par énigmes. Il joue. Il ne s'agit pas encore de peinture, mais bien plutôt d'un visage, certes médié par la transfiguration d'un portrait à hauteur de chef-d'œuvre. D'un visage et d'un faciès. Mille significations qui se chevauchent les unes les autres bruissent dont certaines nous sont devenues indéchiffrables. Ainsi, alors que Lord Henry semble faire correspondre un type de visage à un style de personnalité, l'on peinerait aujourd'hui à accorder de la valeur à l'idée d'une science de la physiognomonie criminelle, tant celle-ci est aujourd'hui obsolète et dépassée, sans parler de son eugénisme et de son racisme inhérents. Toutefois, il faut s'y arrêter car l'élément physiognomonique est l'une des clefs de compréhension du roman, du moins pour son tout premier lectorat, et il confère de la fascination au phénomène fantastique d'un portrait mutant révélant progressivement l'enlaidissement de l'âme de Dorian Gray à travers les distorsions qui lui font un faciès ravagé de satyre bestial. Mais il y a plus, bien plus : si vraiment le masque soucieux du peintre est pour ainsi dire parlant, il révèle beaucoup plus que de l'intelligence au travail. En effet, au fur et à mesure que la conversation avance, Basil Hallward paraît de plus en plus agité, ce qui est rendu par la dramatisation croissante de ses réponses et quelques indications plus visuelles. Dans une perspective physiognomonique, une tête pensante ne devrait pas ressembler au visage d'une âme corrompue, mais il nous faut aller plus loin et poser la question : quelle différence faire entre une âme corrompue et une âme coupable ? Entre une âme à ce point corrompue que le remords lui soit à jamais étranger, et une âme à ce point coupable qu'elle n'ait aucun besoin d'avoir jamais fauté pour souffrir d'être ce qu'elle est ? Le fait est que Basil Hallward est tenaillé par des émotions que l'on dirait aujourd'hui « négatives » : l'angoisse, la honte, la crainte. Par contraste, le visage de son modèle paraît serein et dépourvu de toute négativité, à la manière d'un dieu grec selon la conception que l'on s'en faisait à l'époque et qui était également celle d'Oscar Wilde.

La culpabilité et la honte ont pour contraires l'innocence et la sérénité. En ce sens, Lord Henry peut ainsi, à la faveur d'une nouvelle pirouette, énoncer que cet être mystérieux dont il ne voit encore que le portrait est assurément « sans cervelle » (*brainless*). Ce serait presque drôle, si l'on devait entendre par là que la beauté physique est le signe d'une radieuse bêtise. Sous la plaisanterie, il faut toujours suspecter quelque profondeur, surtout chez Wilde : l'idéalité propre à la beauté de Dorian Gray réside dans sa réalité physique, c'est-à-dire dans ce que son être a de vivant, sans distinction à faire entre l'intériorité et l'extériorité. C'est dans cette indistinction que la beauté naturelle, bien plus que le simple vivant, rejoint sa transfiguration surnaturelle, si l'on peut ainsi définir le chef-d'œuvre que Wilde a en vue pour nous le rendre visible par son écriture. L'intelligence peut ainsi avoir ceci de funeste qu'elle résulte d'une distension du lien intime entre l'idéalité et l'incarnation, ce lien qui, intact, serait la marque de la grande beauté. L'intelligence est toujours plus analytique que créatrice : elle constate, sans jamais pouvoir faire mieux, c'est-à-dire sans pouvoir créer. L'idéalité ainsi dissociée de son incarnation dans la beauté physique, produit une intellectualité qui ne manie que des concepts sans pouvoir s'ouvrir à l'Idée. Et la beauté est une question d'Idée et non de concept, selon une thèse kantienne qu'à partir de Goethe et de Winckelmann, on retrouvait dissoute dans l'air du temps et faisant bulle çà et là dans l'esthétisme d'usage plus courant.

Basil Hallward, visiblement, ne saisit pas grand-chose des subtils montages rhétoriques avec lesquels Lord Henry le « piège », il n'y a pas d'autre mot, puisqu'il joue double jeu : il feint la candeur, la même qu'il décèle chez son ami tout en lui prêtant sa propre intelligence pour expliquer une relative laideur qu'ils ont probablement en commun. Le peintre est en effet candide, parce qu'il ne peut ni ne veut ruser avec cette force qui le terrasse : Oscar Wilde le fait parler mélodramatiquement – « je vous parle sincèrement... ». L'argument glisse d'un plan à l'autre, subtilement, passant de la lumière à l'ombre, de l'apollinien au dionysiaque, de la contemplation sereine du beau à la transe corybantique, où le déchirement se conjoint à l'exaltation fusionnelle, que l'on devine désirante, sinon sexuelle. La beauté, à cette hauteur-là, est une fatalité de type tragique, s'exclame le peintre, qui transite d'une forme à l'autre de l'exception singulière : beauté, talent, fortune.

> Vous ne me comprenez pas, Henry, répondit l'artiste. Naturellement que je ne lui ressemble pas. Je le sais parfaitement bien. Je serais même désolé de lui ressembler. Vous haussez les épaules? Je vous parle sincèrement. Une fatalité s'attache à toute distinction du corps ou de l'intelligence, cette même fatalité qui semble à travers l'histoire s'attacher aux pas chancelants des rois. Il vaut mieux ne pas être différent d'autrui. Les laids et les sots ont la meilleure part en ce monde. Ils peuvent s'asseoir tout à leur aise, bouche bée devant le spectacle du monde. S'ils ignorent la victoire, du moins l'expérience de la défaite leur est-elle épargnée. Ils vivent comme nous devrions tous vivre, tranquilles, indifférents et insouciants. Ils n'entraînent la ruine de personne et personne ne cause la leur. Votre rang et votre fortune, Harry; mon intelligence, pour ce qu'il en est, mon art, pour ce qu'il faut; sa beauté pour Dorian Gray : nous souffrirons tous de ce que les dieux nous ont donné, nous souffrirons terriblement[1].

C'est peut-être là la clef de tout le livre, et peut-être même celle de la personnalité même d'Oscar Wilde : ce qui est exceptionnel ne peut guère échapper à une fonction de paratonnerre social dont j'aurais beaucoup à dire. Exceptionnellement beau ou intelligent, dans un monde d'opaque laideur et d'épaisse bêtise. Cette tirade, qui tient de la fulmination prophétique, peut renforcer le caractère fantastique que revendique tout le roman, mais au-delà

1. *Portrait*, p. 45-46.

de ce qui pourrait n'être qu'une pose, quelque chose de sincère point, où l'on entend davantage l'auteur que son personnage. Face au tir de barrage de Lord Henry qui multiplie les chicanes rhétoriques et brouille constamment les pistes, Basil Hallward donne du canon. On l'entendrait presque hurler cette dernière sentence quelque peu mélodramatique. Le psychologique a englouti le philosophique : la question « que met-on donc de soi-même dans son œuvre ? » aurait pu faire l'objet d'un traitement sereinement intellectuel, dans la perspective d'une poétique et d'une esthétique sublimées. À ce niveau éthéré, l'on répondrait volontiers que c'est le désir, au sens le plus général, si l'on veut, du terme, à ceci près qu'il n'y a rien de plus mystérieux que le désir. Toutefois, ce niveau-là vient de s'effondrer : le peintre est terrifié que l'on puisse instantanément déchiffrer la nature particulière de son désir, à savoir son homosexualité. La définition wildienne de la beauté – qui, on le sait bien, s'est nourrie d'un grand nombre d'influences formatrices – fait de celle-ci une exception à toute rationalité simplement intellectuelle et, qui plus est, à toute ratiocination qui la diluerait. Le beau est le beau, et quand on s'en aperçoit, il est déjà trop tard, ainsi qu'il en va de la rencontre que l'on ferait d'un étranger dont on constaterait très vite mais trop tard que c'est un dieu en vadrouille.

La conversation entre Lord Henry et Basil Hallward vire maintenant sur ses gonds : à travers la question de ces chefs-d'œuvre qu'il faudrait montrer affleurent enfin les signes éloquents de cette paranoïa particulière qui l'interdirait. La beauté, on l'aura compris, échappe à toute rationalisation et elle agit de la même manière qu'elle soit celle, abstraite, d'une œuvre purement formelle – comme en musique, par exemple – ou celle du vivant où peuvent se conjoindre la nature et l'art, sans que cette conjonction manifeste quelque nécessité. Il en va de même pour ce désir homosexuel qu'une telle beauté du vivant et de l'art est susceptible d'éveiller et l'on passe ainsi, par glissements répétés et tout aussi invisibles, de la beauté de la nature à celle de l'œuvre, et de l'émerveillement esthétique à l'enchantement sexuel… Qui plus est, la translation ne s'arrête pas là, dans le cas de figure homosexuel, et elle nous fait passer d'un tel enchantement à son horizon d'angoisse et de honte intériorisées. Celui qui l'éprouve, associe le merveilleux et le terrifiant, réveillant les archaïques significations du *deinós* pour lesquelles ils ne font qu'un. La charge de tragique s'alourdit ainsi pour l'homosexuel victorien qui interprète son désir amoureux – qui est aussi un désir d'amour, c'est-à-dire de réciprocité – non pas comme une promesse de bonheur, mais bien plutôt comme le présage incontestable des plus grands malheurs.

Il y a une raison des plus profondes à ce que la paranoïa de Basil Hallward l'amène à imaginer que tout de son désir se manifeste de manière éhontée dans son tableau : il doit sa capacité renouvelée de faire œuvre – et par conséquent de produire enfin un chef-d'œuvre – à son propre *éros*, selon la conception wildienne de la création artistique : désirer, c'est désirer créer en même temps que revendiquer de vivre ce désir. Du point de vue du peintre, l'erreur tragique aura été de croire un moment en la transitivité de la puissance positive qu'il attache à la beauté dont l'expérience esthétique est bienheureuse… elle aura été de croire que l'*éros* qu'elle mobilise pour produire une œuvre lui conservera le bénéfice de son innocence originaire. Œuvrer sans honte, et par conséquent désirer sans péché, faute, opprobre. Las, dans ce cas si particulier de l'homosexualité victorienne, la transmutation magique et fatale de la beauté métaphysique et physique en désir sexuel opère son inversion enténébrée, une inversion qui s'aggrave de ce que le désir sexuel en général, tout prometteur qu'il soit de ces félicités tant chantées dans la poésie, la littérature et les beaux-arts, suscite tout aussi magiquement des perspectives infernales. Il ne faut pas chercher plus loin les significations attachées à la double face du portrait fantastique. Une chose est de tomber en amour devant la Dame de ses pensées, une autre est d'agir sur base de ce que ces pensées évoquent et qui ouvrent un espace radicalement *autre*, où il est question de péché de chair, de luxure et de fornication. L'amour chaste a son *autre*, le sexe, et c'est le grand problème du dix-neuvième siècle : Tannhäuser, chez Wagner en 1845 qui est l'auteur de la musique et surtout du livret[1], hésite longuement entre Vénus et Élisabeth, deux personnages qui ne se croisent jamais sur scène et dont une cantatrice unique assume ordinairement les rôles respectifs.

Rien, *intellectuellement*, ne permet de passer de l'idée d'un beau corps désiré à cette chorégraphie si insolite du sexe qui, pour son passage à l'acte, mobilise toute une topologie de corps se désirant et s'explorant l'un l'autre. Et rien, *intellectuellement*, ne permet non plus de passer de ce dernier renversement du beau en sexe, à un second renversement, celui du licite en l'illicite dans les pratiques amoureuses, c'est-à-dire de la sexualité ordinaire et institutionnalisée dans le mariage à l'homosexualité, comme pratique hautement répréhensible, criminelle ou encore pathologique selon les paradigmes de l'époque. Ce que le désir sexualise et revendique à partir du beau n'a rien de beau. Pour Basil Hallward, il est certain que la beauté propre à son modèle laissera immanquablement apercevoir dans la transfiguration qu'en offre le tableau la laideur caractéristique du désir sexualisé qu'elle lui inspire. On l'apercevra tôt ou tard, quelque chose du

1. Le titre complet de cet opéra de 1845 est *Tannhäuser und der Sängerkrieg auf Wartburg*. *Krieg* peut être traduit dans ce contexte par tournoi ou concours, mais sa signification la plus évidente est celle du conflit et de la guerre : dans un tel concours, une conception d'un art chaste qui chante un amour pour ainsi dire désincarné va s'opposer tragiquement à celle d'un amour qui inspirerait l'art, ce qui ne va pas sans l'érotiser.

satyre se devine dans le portrait de l'éphèbe, et pourtant, cette beauté est sans *autre*, dès lors qu'elle est sublimée et asexuelle.

« le secret de mon âme »

Cette première scène dialoguée du roman multiplie, on l'a vu, les détours et les chicanes pour dramatiser l'impossibilité, pour le peintre, de révéler à celui qui est pourtant son ami de longue date, la nature exacte du désir qu'il éprouve pour Dorian Gray. Oscar Wilde est logé à la même enseigne, s'imposant les contraintes d'une indispensable censure, et il lui faut bien en passer par ces effets de charade pour faire surgir la signification impossible à énoncer simplement à travers cette impossibilité rhétoriquement organisée. À la naïveté feinte de Lord Henry répond la sincérité toute naïve de Basil Hallward : ce qu'il a mis de lui-même dans le côté solaire de son œuvre est la passion que son modèle lui inspire, et ce disant, le peintre s'est, comme on dit, « coupé » : ému, il a livré par mégarde le nom de son modèle, ce que Lord Henry relève aussitôt. Et par là, Basil peut préciser qu'il tenait à ne pas le lui révéler. Après quelques échanges plutôt badins, Lord Henry, sur le point de prendre congé de son ami, fait volte-face et revient au motif directeur de la conversation, à savoir la réticence du peintre à montrer son œuvre et sa volonté de la cacher et de celer ses motivations. Lord Henry le met au pied du mur dans un échange particulièrement dramatique :

> Je veux que vous m'expliquiez pourquoi vous ne voulez pas exposer le portrait de Dorian Gray. Je veux la vraie raison.
> — Je vous l'ai dite.
> — Non vous avez dit que c'était parce que vous aviez trop mis de vous dans le tableau. Allons donc, c'est puéril.
> — Harry, (...) ...tout portrait peint avec émotion <*feeling*> est un portrait non du modèle mais de l'artiste. Le modèle n'est que l'accident, l'occasion. Ce n'est pas lui que le peintre donne

> à voir, c'est bien plutôt le peintre qui, sur la toile colorée, se donne à voir lui-même. La raison pour laquelle je n'exposerai pas ce tableau, c'est que je crains d'y avoir livré le secret de mon âme <*the secret of my own soul*>[1].

C'est une scène d'aveux, qui entraîne en retour un renouvellement de toute la poétique picturale qui est d'ailleurs celle-là même qu'Oscar Wilde défend dans d'autres textes, comme le *Decay of Lying*, qui sont antérieurs de peu à la rédaction du *Portrait* : « …les seuls portraits auxquels il est possible de croire sont ceux dans lesquels l'artiste a mis beaucoup de lui-même et très peu du modèle » (*vide infra*). Mais là aussi le malentendu menace. Le lecteur d'aujourd'hui pourra s'y méprendre presque automatiquement en lisant ce *secret*-là comme l'aveu de l'homosexualité du peintre. Est-ce la même chose ? Il faut en effet poser cette question décisive : peut-on réduire cette épiphanie du beau au seul attrait sexuel ? Peut-on imaginer qu'ayant croisé Dorian Gray chez Lady Brandon et remarqué ses *good looks*, Basil Hallward ait tout simplement ambitionné, le trouvant à son goût, de le séduire et par conséquent de le consommer, dans la mesure du possible ? – Non bien sûr, pas plus hier qu'aujourd'hui d'ailleurs. Certainement, Basil Hallward est tombé « amoureux » de Dorian Gray, ce qui va bien plus loin que la simple appétence sexuelle. Ici, le terme « amoureux » serait inutile : disons plus simplement qu'il *tombe*. Il est possédé. C'est en ces termes qu'il s'en explique, brûlant de cette pulsion obscure qui ne peut aboutir qu'en un aveu dangereux, lorsqu'il narre la scène de sa première rencontre avec Dorian Gray. Le désir ne dit qu'une partie du secret, l'essentiel qui reste à dire et qu'il est impossible à dire, tant pour le personnage que pour son auteur, est justement ce qui en fait un secret : l'homosexualité non seulement comme une orientation sexuelle dont l'on voudrait croire aujourd'hui qu'elle

1. *Portrait*, p. 47-48.

a droit de cité, mais également comme une structure de secret, de clandestinité émotionnelle et existentiale, et, faute de mieux, comme un *fatum* divin, qui tôt ou tard consommera la perte du peintre. Le récit que celui-ci fait de sa première rencontre est un morceau de bravoure émotionnellement très chargé, avec ses notes de terrifiant et de pitoyable qui renvoient clairement aux catégorisations aristotéliciennes des émotions dans le spectacle tragique :

> Et quel est ce secret ?
> — Je vais vous le dire, répondit Hallward dont le visage trahissait la perplexité.
> — Je suis tout ouïe, Basil (…).
> — Oh, il n'y a pas grand-chose à dire, Harry, répondit le peintre, et je crains que cela ne vous paraisse quelque peu incompréhensible, voire incroyable … (…)
> — Je suis sûr que je comprendrai, (…).
> — Voilà, dit le peintre après un moment. Il y a deux mois, je me trouvais à une grande soirée chez Lady Brandon. (…) …j'étais depuis environ dix minutes dans le salon, (…) lorsque j'ai eu tout d'un coup le sentiment que quelqu'un me regardait. Je me suis tourné à demi et j'ai vu Dorian Gray pour la première fois. Lorsque nos regards se sont rencontrés, je me suis senti pâlir. Une étrange terreur m'a envahi. J'ai compris que je me trouvais en présence d'une personnalité si forte que, si je cédais à la fascination, tout mon être, mon âme, mon art lui-même seraient absorbés. Je ne voulais pas subir d'influence extérieure dans ma vie. Vous, Harry, vous connaissez ma nature indépendante. J'ai toujours été mon propre maître. Enfin, je l'avais toujours été jusqu'à ce que je rencontre Dorian Gray (…)[1].

Est-ce un pastiche, conscient ou inconscient, de *Phèdre* ? On se souvient de l'anamnèse célèbre chez Jean Racine au terme de laquelle Phèdre avoue à Œnone sa passion obsessionnelle pour Hyppolyte, narrant, pour le revivre, l'épisode de sa

1. *Portrait*, p. 48-49.

rencontre[1]. Quoi qu'il en soit, Oscar Wilde reproduit ce schéma pour amener son personnage à livrer « le secret de <son> âme », celui-là même que le portrait donnerait à voir s'il venait à être exposé. C'est au fond une scène de terreur qu'évoque Basil Hallward, une scène dont il souligne qu'il ne la comprend pas[2]. Tout en suivant discrètement le canevas tragique, Oscar Wilde noue ici l'intrigue d'un conte fantastique, selon les conventions bien connues du genre, et accumule les signes précurseurs d'un malheur destinal, faisant dire au peintre :

> ...je ne sais comment vous l'expliquer ...j'ai eu comme l'intuition d'être à la veille de traverser une crise terrible. J'ai eu l'étrange sensation que le Destin me réservait des joies exquises et d'exquises douleurs *<exquisite joys and exquisite sorrows>*[3].

1. « Je le vis, je rougis, je pâlis à sa vue | Un trouble s'éleva dans mon âme éperdue; | Mes yeux ne voyaient plus, je ne pouvais parler; | Je sentis tout mon corps, et transir et brûler » (*Phèdre*, Acte I, Scène III).

2. On pourrait envisager qu'il s'agisse là pour lui d'une toute première prise de conscience de son orientation homosexuelle, mais cette hypothèse doit être écartée : lorsque le personnage du peintre est présenté pour la première fois, Wilde indique que sa « disparition soudaine il y a quelques années fit un tel bruit et suscita d'étranges conjectures » (*Portrait*, p. 44). On ne saurait être davantage limpide dans cette allusion aux déplacements soudains de personnalités devant échapper aux menaces croisées de la police de la Reine et de nombreux maîtres chanteurs.

3. *Portrait*, p. 49. L'anglais est bien moins précis et par conséquent bien plus éloquent : « *Something seemed to tell me that I was on the verge of a terrible crisis in my life* ». On ne peut traduire cette phrase mot à mot sans risquer une tournure pataude et malsonnante en français : « quelque chose parut me dire que j'étais au bord d'une crise terrible dans ma vie. ». Le fait est que Basil s'expliquant devant son ami, vient de s'exclamer « je ne sais comment vous l'expliquer » (*Ibid.*) : il ne faudrait pas que l'une ou l'autre solution interprétative paraisse trop fermement conceptualisée. Richard Crevier dont je lis ici la traduction introduit cette idée inopportune de « traversée » dans la mesure où la crise dont il est question ici ne sera nullement surmontée; omettant « *in my life* », le traducteur perd ainsi la dimension que l'on pourrait appeler existentiale de ladite crise et enfin traduit « *feeling* » par « sensation », ce qui est au demeurant acceptable. Toutefois, il a l'excellente idée, reconnaissons-le, de contourner la difficulté présentée par la répétition, voulue par Wilde, de l'épithète « *exquisite* » en la redistribuant en chiasme sur ces « joies » et « ces douleurs » dont sera fait le destin du peintre.

La conversation s'éparpille ensuite en mille digressions toutes aussi *witty* les unes que les autres, sur lesquelles je passe. Mon attention renaît lorsqu'à la demande de Lord Henry, Basil Hallward consent à en dire un peu plus sur *le secret de sa vie*, ce qu'il fait en revenant sur le terrain, plus sûr, de l'esthétique et surtout de sa propre poétique :

> Désormais, mon art, c'est lui, … Il m'arrive parfois de penser, Harry, qu'il n'y a que deux moments importants dans l'histoire. Le premier est le surgissement en art, d'un nouveau médium et le second, en art aussi, l'apparition d'un nouveau personnage. Ce que l'invention de la peinture à l'huile a été pour les Vénitiens, le visage d'Antinoüs l'a été pour la sculpture grecque tardive et le visage de Dorian Gray le sera un jour pour moi[1].

On pourrait y voir, de la part de l'auteur, une manière d'esquive qui le fait repasser de cette singulière passion, qui doit rester secrète, à des questions d'esthétique et de poétique qui, par leur teneur philosophique, sont suffisamment anodines pour être lues ou entendues par tous. Ce faisant, c'est bien Oscar Wilde qui pense à voix haute dans ce passage, élargissant les perspectives jusqu'à des horizons historicisants. Les lecteurs qui envisagent et lisent le *Portrait de Dorian Gray* comme le palimpseste sacré de l'érotisme homosexuel se lasseront bien vite de ces longueurs d'un autre âge, qui pourtant recèlent l'essentiel de ce que Wilde y a mis, à savoir la thèse fondamentale selon laquelle la beauté suscite l'œuvre et l'œuvre exalte la beauté qu'elle découvre pour la transfigurer et/ou qu'elle transcende et réinvente. C'est le versant solaire de l'œuvre, qui met en œuvre ces conceptions réconciliées de l'esthétique et de la poétique pour lesquelles il faut à son tour produire une œuvre d'art pour porter un jugement sur une œuvre d'art, selon

1. *Portrait*, p. 53.

Schlegel[1], avec cette inflexion plutôt « hellénique » qui traite la beauté plastique du vivant comme une œuvre d'art. Le versant lunaire serait lui aussi perdu, si vraiment le portrait devait être monumentalisé pour servir de ligne de départ à la course aux « fiertés » : cela ne se peut sans reverser aussitôt la puissance tragique du livre au compte des contraintes du genre fantastique, une puissance tragique qui naît de la conjonction paradoxale de la découverte bouleversante de la beauté absolue et absolument incarnée et du pressentiment angoissé de tortures sans fin.

« Désormais, mon art, c'est lui… ». Cette poétique est en fait une profession de foi, que l'on pourrait trouver datée par contraste notamment avec la démarche artistique de maints artistes marquants dans l'art contemporain. Et l'on pourrait également soutenir que cette poétique est une impasse existentielle parce que l'unique destinée qui échoit au peintre consistera à se laisser enfermer, non sans délices névrotiques, dans le souvenir d'un amour impossible et qui n'a jamais eu lieu. C'est l'échec d'une vie que l'on tenterait de montrer en une œuvre, et de cela Wilde me semble avoir eu la prescience. Et c'est un échec, parce que si Basil Hallward peut contempler longuement le regard de son modèle tel qu'il l'a peint, il ne s'ensuit pas que celui-ci le regarde en retour, justement parce qu'il n'est déjà plus qu'une image. Une image n'a pas de regard, même si celle-ci incarne l'idéalité… Bien sûr, Oscar Wilde qui présente ici ses propres conceptions poétiques peut croire échapper à ce genre d'impasse, parce qu'il ne peint pas : il écrit. Et l'écriture échappe encore pour un temps

1. « Un jugement sur l'art qui n'est pas lui-même une œuvre d'art (…) n'a pas droit de cité au royaume de l'art », F. Schlegel, *Athenaeum*, Fragment 89, cité par Anne Henry dans son introduction particulièrement éclairante à sa traduction du grand ouvrage de Walter H. Pater, le maître à penser du jeune Wilde, les *Essais sur l'art et la Renaissance, L'esprit et les formes* (Paris, Klincksieck, 1985, p. 12).

au destin photographique de la peinture, qui est celui d'être vu sans voir et par conséquent de faire l'apprentissage de sa propre invisibilité pour n'être plus qu'un seul regard. Ce tableau que le peintre refuse de montrer parce qu'on l'y verrait trop crûment est celui dont il est question à travers tout le roman, où il fixe une obsession d'autant plus forte qu'en fait, ce tableau, le lecteur ne l'a jamais vu…

Dans ce passage que j'ai cité plus haut, Oscar Wilde imprime au discours du peintre un déplacement particulièrement révélateur : l'on glisse d'une question civilisationnelle – la peinture à l'huile et l'art pictural vénitien, un thème où l'on sent l'influence directe de William Pater[1] – à « l'apparition d'un nouveau personnage » associée pêle-mêle à des questions *techniques* : Antinoüs, la peinture à l'huile et Dorian Gray agissent de la même façon, *sui generis* et selon leur époque respective. Il suit qu'un tel raisonnement peut paraître baroque, à la limite de la sortie de piste, dans la mesure où Antinoüs, le favori de l'empereur Hadrien, est moins la figure-phare de la statuaire antique que l'emblème de l'homosexualité romaine, du moins rétrospectivement et à partir de la reprise qu'en auront faite les *Lumières* européennes. Oscar Wilde en était certainement conscient, dès lors qu'il prête à son personnage de peintre des conceptions esthétiques très précises alors qu'il les truque en adaptant à l'art de peindre une poétique qui ne convient

1. Pour éviter de faire long, il m'apparaît impossible d'analyser ici l'influence de Walter H. Pater (1839-1894) sur Oscar Wilde. Je dois me faire violence pour respecter cette règle d'or, qui est celle de n'écrire qu'un livre à la fois. Qu'il me suffise de signaler qu'Oscar Wilde a lu avec passion l'ouvrage majeur de Pater, *The Renaissance : Studies in Art and Poetry* (1873), et, en guise de commentaire, l'on peut utilement consulter l'article *Burning with a « hard, gem-like flame » – Heraclitus and Hedonism in Wilde's Writing*, de Kate Hext, dans le recueil *Oscar Wilde and Classical Antiquity*, K. Riley (ed.), Oxford University Press, 2017, p. 195-207, ou encore la monographie en français, *Walter Pater : « La Renaissance » et l'esprit de modernité*, d'Hélène Bokanowski, Paris, José Corti, 1992.

fondamentalement qu'à l'écriture littéraire. Basil Hallward est fou de désir pour un être de chair qu'il approche et fréquente tant et plus mais qu'il transforme en une pure vision idéale, tandis qu'Oscar Wilde procède à partir de cette vision idéale pour susciter la présence, par les enchantements littéraires, d'un être que son propre désir lui donne à voir mais qu'il n'a encore jamais vu (la rencontre avec Lord Alfred Douglas, autrement dit *Bosie*, est postérieure à la rédaction du roman).

C'est en cela que la situation particulière de Basil Hallward, qui vit la rencontre d'avec Dorian Gray comme un bouleversement irréversible où l'idéalité va de soi et touche d'emblée à l'absolu, coïncide avec la situation générale de la fiction scripturaire, où rien n'est relatif, puisque c'est l'imagination du lecteur qui fait tout le travail et pour lequel par conséquent l'absolu va de soi. L'art, toutefois, conserve tous ses anciens privilèges en cette époque où le paradigme photographique n'a pas définitivement absorbé et annexé toute forme de représentation. La beauté, il faut la voir en artiste pour la voir enfin et vraiment, telle est la thèse wildienne. Peindre, dessiner, c'est *voir*. Cette idée est commune sinon banale dans la période qui précède la diffusion foudroyante des techniques photographiques, à partir des années 1840. « Ce que je n'ai pas dessiné, je ne l'ai pas vu » écrivait Goethe[1]... Nous, aujourd'hui, devons consentir un effort tout particulier pour comprendre que peindre, c'est travailler à voir toujours plus, plus profondément, plus intensément mais que, du point de vue du peintre, c'est aussi, dans le geste même, faire surgir du même trait et la caresse et ce qui est caressé par le pinceau ou le crayon, en un geste dont la sensualité est tout entière désir désirant. Contrairement à l'appareil photographique qui reproduit

1. « *Was ich nicht gezeichnet habe, habe ich nicht gesehen* », Johann Wolfgang von Gœthe, *Du Voyage en Italie jusqu'aux derniers poèmes*, (édition bilingue, Paris, Aubier, 1992).

froidement tout ce qu'il « voit », le peintre ne cesse de réinventer ce qu'il découvre et de découvrir comme surgissant devant lui ce qui, en définitive, est venu de lui-même. L'art pictural invente la réalité donnée à voir ce qu'*a posteriori* l'on reconnaîtra dans le tableau comme réel en même temps qu'idéel, comme factuel et en même temps fictif. Telle est, en d'autres mots, la conjonction entre *découvrir* (*passivement*, esthétiquement) et *créer* (*activement*, poétiquement), une conjonction essentielle parce qu'elle fait exception à la rationalité la plus ordinairement « moderne » et au bon sens commun. Quand il réussit – ce qui n'arrive que rarement –, la poétique artistique et plus précisément le travail du peintre réalisent péniblement ce miracle que l'épiphanie foudroyante de la beauté naturelle produit de manière instantanée et qui, comme tout miracle, est exceptionnel et rarissime. Dans la perspective de l'esthétique kantienne, dont l'inspiration n'est pas absente de l'esthétisme anglais au dix-neuvième siècle, ce que je ne peux montrer ici, il faudrait alors parler de *sublime* plutôt que de *beau*, pour dire le fracas extraordinaire d'une telle irruption de la transcendance la plus idéelle au sein de l'immanence la plus sensible.

À partir du portrait et du regard du peintre que le tableau rend visible à tous, y compris au modèle, cette beauté va rapidement s'imposer comme « telle » aux yeux du peintre, de Lord Henry et, pour finir, de Dorian Gray lui-même. La tension est paradoxale et même dialectique : *cette beauté est et n'est pas par elle-même*. Forme vivante, elle n'a nul besoin du secours de l'art et de la culture, en même temps qu'elle leur doit les moyens de son émancipation ontologique : l'art révèle, invente et découvre une beauté qui est à la fois ce qu'elle trouve et ce qu'elle transfigure au point de la réinventer pour la faire rayonner de par son idéalité enfin épurée. La solution à cette dialectique suppose que l'on prenne en considération la dévastation « sublime » qu'opère la beauté lorsqu'elle paraît absolue et tout se passe alors comme s'il fallait la médiation de l'art pour se protéger de la trop grande puissance du beau. L'art est alors ce qui acclimate au sein du monde humain la beauté qui, dans sa forme absolue et par conséquent idéale et même divine, ne peut être qu'inhumaine. Elle l'acclimate en même temps qu'elle l'acculture, la transfigure et la rend, osons le mot, *visible*. Il s'ensuit qu'un tel choc esthétique ne peut que transformer l'art même de peindre[1]. Et au-delà des conventions fictionnelles par lesquelles le personnage du peintre digresse pour exprimer les idées de l'auteur, il n'est plus question de la peinture en tant que telle, mais bien de la littérature dès lors que celle-ci a l'avantage sur la peinture d'échapper de plein droit à la tentation photographique.

« on ne voit une chose que lorsqu'on en voit la beauté »

> Les choses sont parce que nous les voyons, et la réceptivité aussi bien que la forme de notre vision dépendent des arts qui nous ont influencés. Regarder et voir sont choses toutes différentes. *On ne voit une chose que lorsqu'on en voit la beauté.* C'est alors seulement qu'elle naît à l'existence[2].

La médiation de l'art a le pouvoir de transfigurer son matériau sensible, quel qu'il soit, et d'y faire apparaître une idéalité qui n'est pas de ce monde, mais, en même temps, l'art peut aisément se dévoyer en monstration d'artifices, l'opacité du medium finissant par être l'unique message qu'on puisse en espérer. La

1. Ce sont les mots que prête l'auteur à son personnage : « ...curieusement (...) ...sa personnalité m'a inspiré une façon de peindre entièrement nouvelle, un style tout à fait nouveau. Je vois, je pense les choses autrement. Je suis maintenant en mesure de recréer la vie d'une manière qui m'échappait auparavant. <*I see things differently, I think of them differently. I can now recreate life in a way that was hidden from me*> », *Portrait*, p. 53.

2. *Cf.* O. Wilde, *Le déclin du mensonge*, trad. cit., p. 76 (mes italiques).

poétique wildienne échappe doublement à cette dernière aporie, d'une part parce que l'acte créateur est profondément érotique, au sens noble du terme : créer, c'est d'abord désirer créer et par conséquent désirer, non seulement par et pour l'esprit mais également par et pour la chair. Dans cette vision particulièrement mystique, le créateur est tout d'abord un visionnaire, qui parle à l'imagination depuis l'imagination, ce en quoi l'opacité de son medium – la matière, son métier, la tradition, etc. – est enfin traversée sans reste par un effet de rayonnement dont il est et n'est pas l'origine : ce sont la beauté, le désir, l'idéalité qui le traversent lui-même en traversant sa matière et son œuvre, dans le meilleur des cas, il est vrai, qui est celui du chef-d'œuvre. En même temps, l'œuvre est ce par quoi l'idéalité s'incarne, l'universel devient particulier et le désir se fait amour et laisse perdre tout ce qui semble relever de l'œuvre pour s'abîmer délicieusement dans la contemplation. Comme l'écrit si éloquemment Jean-Luc Marion, il s'agit alors de « faire apparaître celui ou celle <qu'on> aime. »[1]. Le faire apparaître ne dit rien quant à l'existence même de ce qui apparaît et la vénérable controverse du réalisme et de l'idéalisme trouve ici une solution inattendue : l'on n'aime jamais que ce que l'on découvre chez autrui par le fait même qu'on y a mis quelque chose de soi-même. Voir, c'est voir la beauté dixit Wilde, ou encore celui ou celle qu'on aime, dixit Marion, et cela revient au même dès lors qu'on ne peut qu'aimer la beauté et que celui ou celle qu'on aime est justement beau, et par conséquent hautement « visible » par le fait même qu'on l'aime. L'imagination se conjoint à la perception sensible : elle

1. « L'amant fait apparaître celui ou celle qu'il aime, et non l'inverse. Il le fait apparaître comme aimable (ou haïssable) et donc comme visible dans la réduction érotique. *Autrui se phénoménalise dans l'exacte mesure où l'amant l'aime*, et Orphée de la phénoménalité, l'arrache à l'indistinction, le fait remonter du fond de l'invu. » J.-L. Marion, *Le phénomène érotique*, Paris, Grasset, 2003, p. 130 (mes italiques).

n'est plus seulement, selon sa définition classique, la capacité de se représenter l'objet en son absence[1] mais elle devient ici celle de transformer sa présence en surprésence, estompant d'emblée toute médiation qui maintiendrait la distance entre le tien et le mien, ce que je vois et ce que j'ai vu. C'est, à mon sens, l'une des raisons pour laquelle la peinture est la métaphore par excellence du pouvoir de l'écriture : toutes deux font voir, avec une intensité telle que toute différenciation, pourtant essentielle entre le pictural et l'imaginaire, disparaît merveilleusement dans cet effet de vision ou de voyance.

Oscar Wilde ne peint pas. Cela étant, l'intrigue exige que le peintre, maître et esclave du regard et par conséquent du désir, soit décidément déterminé à faire de la beauté de Dorian Gray *son* absolu personnel, faute de quoi toute l'intrigue s'éteindrait aussitôt, et il n'y aurait plus de roman. L'écriture n'y suffit pas, même si en énonçant pour les yeux du lecteur qu'il y va d'une beauté absolue, on en crée le phénomène, il fallait qu'il y en eût quelque concrétion, un objet – le portrait – pour que la dimension fantastique d'une telle beauté puisse agir à travers sa représentation. C'est en effet à cette hauteur d'absolu que l'intrigue se met en place, tel un mécanisme d'horlogerie : l'art du peintre, transformé en profondeur par la rencontre d'avec ce modèle exceptionnel et transcendé pour rendre compte de l'idéal qu'il perçoit dans le réel de cette beauté physique et métaphysique, va faire coïncider, dans l'absolu, le portrait et son modèle, l'art devenant vivant de cette vie-là qui de son côté rayonne comme un exceptionnel chef-d'œuvre, comme quelque chose de *plus* que le vivant lui-même : comme quelque chose

1. « L'*imagination* est la faculté de se représenter dans l'intuition un objet même *sans sa présence* », Kant, *Critique de la raison pure*, § 24, B151-152, trad. fr. A. J.-L. Delamarre, Fr. Marty, *Œuvres philosophiques*, t. I, « Bibliothèque de la Pléiade », Paris, Gallimard, 1980, p. 867.

de divin. Mais ce faisant, par cette coïncidence même, le vivant est rendu à lui-même et tout effet de sublimation s'évanouit. La distance ordinairement constatée entre l'art et la vie finit par s'amenuiser de par cette fiction littéraire, parce qu'en celle-ci aucune différence entre l'art et la vie n'y est possible, puisque tout y est fiction sans reste. Il faut y insister cependant, tout cela ne s'appréhende qu'à travers le regard de Basil Hallward, qui est encore et toujours à la fois un regard désirant et un regard de peintre. Lord Henry, qui n'a pas encore rencontré Dorian Gray, en est encore à réduire toute beauté physique aux simples agréments d'une aventure sexuelle, pour pouvoir attribuer l'exceptionnalité du tableau au seul génie du peintre. Rien à voir avec le foudroiement sublime qui annonce de terribles malheurs, tel que le peintre l'a pressenti et l'on peut bien comprendre que Lord Henry n'en soit pas tellement impressionné.

Basil Hallward désire et souffre de son désir, mais il ne veut aucunement que cela se voie ou se sache. On peut interpréter une telle radicalité dans la posture à partir des angoisses qu'il conçoit à partir de son homosexualité, mais, sans exclure cela, il faut tenir compte de la dimension mystique de sa démarche, qui est aussi celle d'Oscar Wilde. Ce qu'il peint – tout comme ce qui le fait peindre – est la conjonction nécessaire et artistiquement fondamentale entre le surnaturel de la beauté, qui n'est pas plus un phénomène du monde qu'un état personnel de conscience, et le surnaturel de l'art, qui n'est pas plus une représentation du monde qu'une confession. Cette conjonction, dont je traiterai dans le chapitre suivant, est précaire et seul l'art peut la réussir, s'il se peut : brisée, elle fera apparaître quelque chose de bassement attrayant, de l'ordre même du sexe de consommation courante ou, à défaut, de névrotique. Autrement dit, Basil Hallward refuse encore de se laisser redéfinir par ses souffrances et de leur subordonner son art. En ce sens, il est l'antithèse de Sibyl Vane, qui se spécialise, avec un génie égal, dans la théâtralisation de douleurs tragiques, sans aucun espoir de *catharsis*, faut-il le souligner. Par contraste, le peintre se tient à bonne distance d'un certain *pathos* postromantique : il se tient à l'essentiel, à savoir que du fond de sa détresse, par son art et par sa relation avec Dorian Gray, quelque difficultueuse qu'elle puisse être, il aperçoit enfin le ciel[1]. C'est la teneur de la réplique cinglante du peintre à son ami, lorsque celui-ci, sur un ton particulièrement badin, tente de lui faire apercevoir le bénéfice de la passion auprès du public, pour l'inciter à exposer son chef-d'œuvre :

> <Lord Henry> Les poètes ont moins de scrupules que vous. Ils savent à quel point la passion favorise la publication. De nos jours, le sentiment a bonne presse.
>
> Je les exècre d'autant, s'écria Hallward. Un artiste devrait créer le beau sans rien y mettre de sa propre vie. Nous vivons à une époque où l'on traite l'art comme s'il s'agissait d'une forme d'autobiographie. Nous avons perdu le sens abstrait de la beauté. Un jour, je ferai voir au monde en quoi cela consiste. Et pour cette raison, le monde ne verra jamais mon portrait de Dorian Gray[2].

La promotion du « sens abstrait de la beauté » constitue toute la subtilité souvent paradoxale de ce roman, sur son versant esthétique en tout cas. C'est une question de style bien plus que de « sujet » présenté sur le mode de la ressemblance peu ou prou réinterprétée. Pour saisir la signification de ce que cache cet effet rhétorique de « lettre volée », il faut se référer au *Déclin du mensonge* qui tente le tour de force de vider l'intériorité de l'artiste de tout souci psychologique, à rebrousse-poil de la *doxa* romantique et romanesque qui fait de l'artiste dit

1. Je pense à ce mot ailé de Wilde, dans *L'éventail de Lady Windermere* qu'il écrira l'année suivante (1892) : « Nous sommes tous dans le caniveau, mais certains d'entre nous regardent les étoiles. »

2. *Portrait*, p. 54-55.

génial, l'exhibitionniste forcené de ses douleurs existentielles et prosaïques.

> ...les seuls portraits auxquels il est possible de croire sont ceux dans lesquels l'artiste a mis beaucoup de lui-même et très peu du modèle. (...) C'est le style qui nous fait croire à une chose – le style et rien d'autre. La plupart de nos portraitistes modernes sont voués à l'oubli le plus total. Ils ne peignent jamais ce qu'ils voient. Ils peignent ce que le public voit, et le public ne voit jamais rien[1].

« Beaucoup de lui-même... ». Tout donne à penser qu'il s'agit là de psychologie, et dans ce cas-là, de souffrances plutôt que de désirs. La différence entre les deux est décisive, même si elle risque de passer inaperçue. Si le peintre montre ce que son désir amoureux ou érotique lui fait voir, si c'est là la définition à retenir du *voir*, alors il faut en effet conclure que le public ne voit rien. Celui-ci a l'œil photographique et philistin, ne voyant que les choses telles qu'elles sont[2], dans un univers massivement retissé d'utilités et de profits, avec une vague propension sentimentale au kitsch et au pittoresque. Le peintre voit en peignant, et le public ne voit rien parce qu'il ne *fait* rien pour voir : il voit passivement, pour ainsi dire... Le désir prime sur la douleur, parce que le premier incite à créer – justement pour rendre visible ce que l'on désire voir – et le second, à se lamenter. Dans ce dernier cas, les émotions théâtralisées sont de loin préférables à ce que l'on peut en produire avec les seules ressources de son dérisoire artisanat personnel : cette thèse est fondamentale dans la poétique wildienne.

L'énergie créatrice qui procède du désir en général, selon la conception wildienne, se structure tout différemment dès lors

1. O. Wilde, *Le déclin du mensonge*, trad. cit., p. 82.

2. « Le grand artiste ne voit jamais les choses telles qu'elles sont réellement. », O. Wilde, *Le déclin du mensonge*, trad. cit., p. 81.

que le désir dans sa variante homosexuelle est la cible à cette époque d'une répression implacable. La crainte exprimée par Basil Hallward de ce que sa « curieuse idolâtrie artistique » soit immédiatement identifiée aurait de quoi étonner les premiers lecteurs du roman s'ils ne pouvaient pas instantanément l'interpréter, en initié, comme l'inévitable effet de la paranoïa généralisée que produit la répression symbolique et policière de l'homosexualité. C'est à partir d'un même souci qu'Oscar Wilde surveillera son écriture, dans la genèse et ces corrections du *Portrait de Dorian Gray* que lui demanderont les éditeurs. Certes, tant qu'il s'agit de désir en général, et de peinture en général dois-je ajouter, tout va bien, et les beaux-arts étaient certainement, pour l'époque, ce lieu où sous couvert d'art, l'on pouvait contempler de manière prétendument innocente cette grande rareté qu'était le nu, féminin ou masculin. Aujourd'hui, de telles nudités sont monnaie courante : avec la généralisation de l'image photographique et l'inflation pornographique qui en est la conséquence presque mécanique, tout le monde s'est à peu près mithridatisé à cet égard. Ce n'était pas du tout le cas, en général, en cette fin du dix-neuvième siècle. Oscar Wilde construit son personnage autour de sa peur panique de la répression, une peur qu'il transcende à l'occasion de l'exceptionnalité de son nouveau modèle, mais qui se voit d'autant intensifiée ; il l'assortit au demeurant d'un personnage qui dans cette perspective lui est symétrique, Lord Henry, qui semble n'avoir peur de rien. Ce qui n'est qu'aventures sans lendemain pour celui-ci, est un véritable coup de foudre pour le peintre qui se convertit à toujours plus de vérité et d'idéalité dans son art. L'attrait sexuel qu'il éprouve réellement ne se traduit pas automatiquement par quelque disponibilité consensuelle entre adultes consentants. Ce coup de foudre libère avant de détruire. Cette destruction est en elle-même désirable parce qu'elle révèle le poids vécu désormais comme insupportable du stigma intériorisé, qui fait de la condition homosexuelle victorienne l'équivalent de celle de l'individu réduit à lui-même, dans sa *désolation* (*Weltlösigkeit*) dont Hannah Arendt, dans ses textes sur le totalitarisme, produit une description aux couleurs de l'abîme. Ce désir qui rejoint l'art lui-même dans son absoluité est foncièrement tragique. Basil Hallward prend ainsi conscience qu'il vivait jusqu'alors une vie éteinte et asthénique dont la vérité était celle d'une agonie éternellement différée, une vie médiocre dont la production artistique l'était tout autant : tout d'un coup, il revit intensément, mais le flamboiement qui le consume inexorablement annonce une inéluctable destruction qui est, de toute évidence, le prix à payer. Parce que toute vocation à l'absolu est nécessairement tragique. Basil Hallward ne supporte plus son ancienne vie et sa nouvelle le terrifie. La solution au dilemme tragique passe par un nouveau paradoxe : jamais ce peintre n'a mieux peint, et pourtant il lui faut s'imposer de n'en rien montrer. Cette dernière décision, celle de l'invisibilité et de la clandestinité, donne à reconnaître au lecteur initié le sort politique de l'homosexuel lambda. L'impasse est complète, artistique autant qu'existentielle. Il n'y a rien à y redire et dans le texte, Lord Henry laisse la conversation tourner court. Son intérêt va du tableau à la personne qu'il se représente en imagination et dont il désire faire la connaissance, ce qui fait naître une onde de jalousie chez Basil Hallward, soit dit en passant. Tout cesse quand Dorian Gray enfin paraît.

chapitre 3
le détour par l'écriture

...À proprement parler, <l'amant> ne connaît pas ce qu'il aime, parce que ce qu'on aime n'apparaît pas avant qu'on l'aime. Il revient à l'amant de faire ce dont il s'agit – autrui en tant qu'aimé, apparaissant en tant qu'érotiquement réduit. La connaissance ne rend pas l'amour possible, puisqu'elle en découle. L'amant rend visible ce qu'il aime et, faute de cet amour, rien ne lui apparaîtrait... (...) ...l'amant aime ce qu'il ne voit pas plus que ce qu'il voit; ou plutôt, il ne voit que parce qu'il aime ce que, d'abord, il ne pouvait pas voir. L'amant aime pour voir – comme on paie pour voir[1].

L'écriture d'Oscar Wilde me retient justement par ceci qu'elle vise constamment ce qui lui échappe : la beauté, le désir, mais aussi la douleur et même la beauté dans l'expression de la douleur. Il est bien sûr toujours possible de parler de toutes ces choses, et par conséquent d'écrire sur elles, et ce faisant, de s'en tenir à des constatations, des informations. Mais l'écriture n'est pas que cela : contrairement à la perception que l'on en a ordinairement, elle ne se réduit pas au seul récit ou encore à l'objectivité documentaire et elle n'est pas non plus réductible au raisonnement analytique ou philosophique. Cela se vérifie lorsqu'on s'interroge sur la possibilité de dire ou d'écrire la beauté et, mieux encore, sur

1. J.-L. Marion, *Le phénomène érotique*, *op. cit.*, p. 141-142.

celle d'exprimer la douleur : la question est moins urgente dans le premier cas, dès lors que l'expérience que l'on peut faire, d'une manière ou d'une autre, de la beauté, déborde de toute part le cadre conceptuel et même émotionnel qu'elle réduit à néant sans que l'on en souffre, mais il en va tout autrement, dans le second cas, celui de la douleur : les mots manquent, ainsi que les concepts. Rien ne peut en être dit, alors qu'un tel dire paraît indispensable. L'expérience de la douleur est *insensée*, ce qui l'aggrave, et la nécessité de produire du sens s'impose avec urgence : son dire ne peut être qu'indirect, parce que la réduction à de l'information est tout aussi impossible qu'inopérante.

L'expérience de la beauté, par contraste avec celle de la douleur, se suffit à elle-même, alors qu'elle paraît indicible tout en portant à l'expression. Le verbe qu'elle fait naître acquiert de la consistance en se construisant *autour* ou *à propos* de ladite expérience, qui est toujours déjà vécue comme originaire et exceptionnelle. De prime abord et le plus souvent, un tel verbe vise à louer, c'est-à-dire à reproduire, du visible au sonore, l'impact sublime de son apparition unique et inassimilable. Il s'ensuit que fondée sur le rapport aux sens (αἴσθησις, *aísthêsis*), l'esthétique philosophique pourrait bien être suspectée d'en venir irrésistiblement à trahir son enracinement dans le sensible, mais c'est là un autre débat : il m'importe davantage de faire valoir qu'une esthétique bien comprise ferait apercevoir comment de l'idéalité, de par une impossible continuité de l'un à l'autre, se manifeste immédiatement au niveau des sens. Ce court-circuit de l'idée aux sens, par-delà l'intellect (« l'entendement »), est ce à quoi Oscar Wilde se montre tout particulièrement sensible, rejoignant cette idée fort ancienne et profondément grecque selon laquelle la beauté, dans la puissance de son évidence, est l'une des plus convaincantes manifestations du divin, avec ceci d'irréligieux que ce divin serait constamment capable d'immanence. Le divin grec s'incarne on ne peut plus aisément dans la plastique d'un corps dont la jeunesse, à son zénith, paraît idéalement soustraite aux atteintes du temps. Dans cette perspective mystique, la beauté du corps (masculin) est nécessairement conjointe à celle de l'âme, ce qui définit l'idéal grec du *kalos kagathos*, qui est à la fois un lieu commun, un programme et une philosophie de la vie et une référence de nature aristocratique, soit un faisceau de significations qui avaient profondément frappé Oscar Wilde lorsqu'il étudiait à Oxford et y suivait l'enseignement de Walter Pater.

Toutefois, ce n'est que dans la manifestation de ce qu'il a de divin que le Beau paraît se suffire à lui-même ; les mortels qui le constatent ne peuvent s'y tenir. Il leur faut s'étonner, s'émerveiller, s'exclamer, l'acclamer, se répandre en chants et en poèmes solennels, selon un désir qui naît du désir, dont j'aurai fait la matière du présent ouvrage. Pour Oscar Wilde, rien de plus évidente, à partir de l'évidence sensible du beau, que la nécessité du portrait, du poème, du récit... pour autant qu'y soit, autant que faire se peut, la divine conjonction de l'*intelligible* (l'Idée, le divin) au *sensible* dans l'expérience du beau, qu'il convient de réinventer comme pour la prolonger, en ralentir le tempo, se donner le loisir d'en examiner le détail et de vérifier, là encore, l'inépuisabilité du beau. Raison pour laquelle, selon Wilde, l'artiste doit s'imposer de se rendre visionnaire et d'écrire à partir de sa *manía* à la fois poïétique (c'est-à-dire créatrice) et sensuelle (c'est-à-dire sexuelle).

Alors qu'il commente abondamment l'écriture, la critique, les styles comparés de Zola et de Balzac, Oscar Wilde échappe *de facto* au piège de l'autoréférence scripturaire – écrire sur l'écriture et sur rien d'autre. Son esthétique, toute subtile et complexe qu'elle puisse être, n'est pas dissociée d'un fond fictionnel, qui en est à la fois l'occasion et le medium. Son propre désir, au sens large du terme, ne cesse de le faire écrire tout en le ramenant inlassablement, obsessionnellement même, vers l'expérience, pour lui originaire, de la beauté incarnée. C'est là l'héritage grec, qui le passionne et, on l'oublie trop souvent, Wilde possède une très vaste culture classique qu'il accorde au déploiement particulier de son propre désir : là se noue déjà une idéalité plutôt lettrée et philosophique à une expérience profondément sensible et acceptée comme telle, en dissonance avec la pruderie typique de l'époque victorienne. Le philosophème grec du beau devient le sien. Parce que cette Beauté est désirable et qu'il la désire, c'est son être tout entier qui s'y sent appelé.

Toutefois, cet « idéal hellénique » associé au vieux slogan du *kalos kagathos* – la beauté idéale qui est celle du corps autant que celle de l'esprit – isole une seule partie, la plus visible et rayonnante, d'une topologie dissymétrique, celle de l'éromène. L'homosexualité grecque, sublimée dans le mythe poétique que véhicule la culture classique – qui fut celle de Wilde comme de tout lettré à cette époque – était tout aussi dissymétrique que le fut l'hétérosexualité normative à l'époque victorienne : le critère qui sert à définir oppositionnellement l'adulte et l'éphèbe, l'éraste et l'éromène, l'initiateur et l'initié, sous-entend une distribution normée des rôles respectivement actif et passif. Dans l'idéalisation exaltée qui accompagne toute reprise de ce fétiche romantique du *kalos kagathos*, cette configuration dissymétrique que je viens de décrire épouse point par point celle de la faculté et de son produit, en l'occurrence, celle de l'imagination créatrice (φαντασία, *phantasía*) à son produit (φάντασμα, *phantasma*) : l'imaginaire est ce monde des fantômes, des spectres, des visions, des songes mais aussi celui des idéalités, voire même des idées fixes ainsi que des chimères d'écriture. Dans l'évènement même du « fantasme », tout rayonne à partir de la vision et rien ne s'y voit du visionnaire lui-même, tout comme le *kalos kagathos* ne reflète rien de la nature des regards qu'il attire sur lui. C'est pour cette même raison que le lecteur du *Portrait de Dorian Gray* ne voit rien d'autre que Dorian Gray, comme s'il le voyait vraiment et il est à mille lieues d'imaginer qu'il ne peut que l'imaginer et que c'est là la condition sous laquelle cette vision peut toucher à l'idéalité, contrairement à ce que peuvent les images photographiques et cinématographiques.

Le désir à lui seul n'est capable que de fantômes élusifs. Pour que le fantôme s'incarne en une présence endurante, de l'écriture poïétique est requise, cette activité qui consiste à la produire et à créer à partir d'elle (ποιεῖν) et dont le texte est le premier produit. Et cette écriture, à son tour, réclame une lecture, selon une configuration qui, elle aussi, est dissymétrique et hiérarchique. L'imagination ne peut se faire idéation qu'à la condition d'un travail d'écriture, et c'est une question difficile à démêler parce que phénoménologique, justement : l'apparaître de l'Idée, dans son absoluité, n'est pas différent de ce que j'ai appelé une chimère, c'est-à-dire un produit de l'imagination, un *phantasma*. Mais sans entrer davantage dans des perspectives aussi métaphysiques, il me paraît opportun de souligner que sur son versant érotique, c'est-à-dire créatif, l'écriture amplifie et énergise la libido, dont le désir *est et n'est pas* scripturaire pour autant. D'où la complexité probablement indéchiffrable de ce nouage entre l'écriture (avec son mode propre de chiffrage) et le désir (avec ses propres variétés d'énigmes fondationnelles).

Le tropisme wildien pour une certaine beauté adolescente et androgyne pourrait finir par commander toute interprétation visant son rapport à l'écriture qui détermine en profondeur sa personnalité. Il y va d'un désir, certes, mais celui-ci est spécifique de l'écriture en tant que telle, qui lui vaut une jouissance qui n'est pas celle, immédiate des corps, mais qui sans lui être étrangère, lui est cependant irréductible. En effet, Wilde, dans son écriture, est certain de pouvoir atteindre, pour ainsi dire intuitivement, à travers la beauté qu'il voit *en ce monde* quelque chose d'un *autre monde* : l'on ne peut pas en parler autrement qu'en empruntant aux Grecs leur lexique et leurs modes de pensée, malgré les anachronismes et les réductions et on se contentera d'énoncer que la beauté manifeste une idéalité parfaite et par conséquent divine. Et cet avantage, il le doit à sa pratique de l'écriture, bien plutôt qu'à ses lectures aussi nombreuses et riches soient-elles. Wilde écrit pour voir, tout comme Jean-Luc Marion écrit que l'amant « aime pour voir ». Nul doute que dans ces années-là, il attendait la venue d'un être comme Bosie (Lord Alfred Douglas) qu'il puisse désirer et adorer en même temps, sans méconnaître les dangers d'une telle relation. En s'actualisant – et en passant d'un fantasme flou à une figure vivante, précise et pourtant constamment enchanteresse, c'est-à-dire en termes christologiques : en s'*incarnant* – cette apparition onirique et pourtant réelle cesserait alors d'être l'objet-*télos* d'une obsession mystique et fonctionnellement autiste, hantée par le manque, pour se matérialiser en un cet être-là, réel, vivant, qui, cela est essentiel, posséderait lui-même un regard qui, dans le meilleur des cas, a le pouvoir de faire exister en retour. Bosie fera son malheur, Wilde l'a bien pressenti, mais il lui fallait préférer un tel malheur à une vie vide, une vie velléitaire et nostalgique, vaguement hantée de fantômes et de chimères d'emprunt.

le regard d'un portrait

Oscar Wilde, qui sait son grec, sait bien que les figures peintes se laissent admirer mais ignorent superbement toutes les questions qu'on peut leur adresser[1], répondant toujours la même chose,

1. *Cf.* Platon, *Phèdre*, 275d : « …ce qu'il y a même en effet, sans doute, de terrible <δεινὸν> dans l'écriture, c'est, Phèdre, sa ressemblance avec la peinture : les rejetons de celle-ci ne se présentent-ils pas majestueusement quand on les interroge ? Il en est de même aussi pour les discours écrits : on croirait que ce qu'ils disent, ils y pensent ; mais, si on les interroge sur tel point de ce qu'ils disent, avec l'intention de s'instruire, c'est une chose unique qu'ils donnent à comprendre, une seule, toujours la même ! », Platon, *Œuvres complètes*, trad. fr. L. Robin, t. I, « Bibliothèque de la Pléiade », Paris, Gallimard, 1950, p. 75.

indifféremment obtuses. La grande différence phénoménologique entre un portrait et ce que l'on peut voir de son modèle est une affaire de regards. Un visage portraituré semble vous regarder droit dans les yeux, mais il ne voit que le vide auquel son statut d'idole vous a réduit. Une image éduque à n'être rien si l'on s'abîme à la contempler et là gît toute la différence entre l'idole et l'icône. Pour autant qu'on le fixe impudemment, un être véritablement vivant pourra objecter à ce regard par trop insistant qui s'arrête trop longtemps; il pourra fuir ou au contraire soutenir avec colère une telle intrusion scopique; il pourra encore parler et invectiver, ou bien se taire, ou encore garder un silence hostile ou avenant. Au sein d'un regard réciproque, les yeux se parlent. Quelque chose d'un dialogue se prépare là ou avorte et si l'on existe bien par le regard d'autrui, il en va de même pour cet autrui que l'on soutient, ou non, du regard. Et ce faisant on le soutient dans l'être. Et vice-versa.

La plus belle des images est pourtant sans regard. Le *Portrait de Dorian Gray* est de cet ordre-là. Tout autre est le statut de la plus grande beauté dont l'on puisse rêver, dans la mesure où c'est bien la fiction littéraire qui lui donne corps et la fait exister non pas pour la vue, mais pour l'imagination. Se pose alors la question de savoir si l'on peut aimer d'amour des êtres qui n'existent pas comme le formule Wilde lui-même[1], soit des chimères d'écriture, des êtres qui sont par conséquent des chimères d'écriture. Juliette de Shakespeare n'existe que dans son théâtre, et pourtant la douleur qu'elle fait naître par empathie

1. « ...qu'importe le plaisir dont la vie fait un appât, qu'importe la douleur qu'elle nous envoie pour troubler et mutiler notre âme, si dans la vie de ceux qui n'existèrent jamais, nous trouvons le vrai secret de la joie, si nous réservons nos larmes pour la mort de Cordélia <*King Lear*> ou la fille de Brabantio <c'est-à-dire Desdémone, dans *Othello*>, qui ne peuvent jamais mourir. » *La critique est un art*, trad. cit., p. 175. Nous commentons cette idée directrice de la poétique wildienne dans notre chapitre 4.

chez le spectateur est réelle, plus réelle même que ce que l'on serait capable de concevoir et de ressentir par soi-même.

L'écriture que l'on produit en position d'*auteur* – en contraste d'avec celle qu'on peut lire, en position de *lecteur* – peut aussi bien opposer un miroir réfléchissant et révéclateur, qu'offrir quelque ouverture sur un monde qui n'est pas toujours de *ce* monde, soit encore le *même* et/ou l'*autre* : le *même* parce que l'écrivain peut ainsi s'enfermer avec ses chimères introspectives dans un monde qu'il croit manœuvrer en maître, tel le Malin Génie de la fable cartésienne, et/ou l'*autre*, parce que son écriture lui révèle des pensées dont il est certes l'auteur mais qui restaient en lui comme latentes, voire même inconscientes. Le fait est que toutes ces merveilles qui lui viennent à l'esprit et sous la plume, paraissent des météores, surgies d'on ne sait où, comme de par une révélation, alors que celui qui les écrit sait bien qu'il en est malgré tout l'auteur. Il prend alors la mesure de ce qu'il ne se connaît pas vraiment et qu'il lui faut bien écrire pour qu'advienne à lui une vérité profonde qui le concerne et dont il ignorait tout. Telle est, à mon sens, l'équation personnelle d'Oscar Wilde, dans sa posture d'écrivain, vers la fin des années 1880 : de par une dynamique qui leur est commune, son *ingenium* scripturaire tout comme l'orientation de son désir lui apparaissent de plus en plus nettement, bien que lentement.

un portrait précurseur, celui de Mr. W. H.

Cette dernière thèse propose que le travail de la fiction opère un effet de maïeutique chez Oscar Wilde : il lui faut écrire pour saisir fantasmatiquement ce qui l'obsède – et qui l'obsède justement parce qu'il n'y arrivera jamais – et tout se passe comme s'il lui fallait écrire, pour désirer, ou pour dire la même chose autrement, pour se convertir à son propre désir, celui étant porteur d'une véritable philosophie, dont, comme je le montrerai ensuite, Lord Henry se fait le porte-parole dans le début du *Portrait de Dorian*

Gray. Pour illustrer mon propos, je voudrais évoquer un texte qui lui est antérieur, bien qu'il soit beaucoup moins lu et prisé que celui-ci. Il s'agit du *Portrait de Mr. W. H.*[1]. L'essentiel y est déjà : la beauté magnifiée par l'art (poétique plutôt que pictural), le truchement d'un portrait (un faux plutôt que le chef-d'œuvre annonçant une « nouvelle manière »), la référence à William Shakespeare, que Wilde idolâtrait, et bien sûr ce désir si singulier qui inspire de si beaux poèmes.

Voici l'histoire, en quelques mots. En cette fin de siècle, un jeune homme de la bonne société, Cyril Graham, est certain d'avoir identifié en un certain Willie Hughes le dédicataire des *Love Sonnets* de Shakespeare que celui-ci désigne énigmatiquement par les initiales de son nom, W. et H. Il s'agirait d'un jeune *boy-acteur*, qui endossait des rôles féminins dans ce théâtre élisabéthain où interdiction était faite aux femmes de monter sur scène. D'où cette ambiguïté androgyne qui attise des passions qu'on voudrait cantonnées au seul régime poétique. Telle est l'amorce de l'histoire narrée par un certain Erskine au narrateur. Pour brillante qu'elle soit, l'hypothèse ainsi développée ne convainc pas vraiment Erskine. Pour arriver à ses fins – et permettre à l'intrigue de se dénouer – Cyril Graham entend forcer la conviction en produisant fort à propos un prétendu *Portrait de Mr. W. H.*, celui-là même qui donne au récit son titre : on y voit le fameux Willie Hugues, la main posée sur l'exemplaire des *Love Sonnets* ouverte à la page de la dédicace. On ne saurait faire mieux. Pourtant, le diable s'en mêle et un hasard permet d'éventer la pathétique combine. Le peintre-faussaire a été débusqué et le commanditaire, démasqué. La pitoyable ruse éventée, Cyril se suicide.

1. Les citations en français seront puisées dans la traduction de Jean Gattégno des *Œuvres*, « Bibliothèque de la Pléiade », Paris, Gallimard, 1996 et dans l'édition séparée Folio-Gallimard, 1996, ainsi que dans l'original, *Complete Works*, éd. cit.

Wilde aurait pu en rester là, car l'anecdote est piquante. Erskine est en possession de ce tableau : le lecteur est à même de comprendre à quel point il est obsédé par Cyril Graham[1], tout comme ce dernier l'était par Willie Hugues (ou encore Basil Hallward, par Dorian Gray). Mais le premier est une réalité, soit un être vivant, et le second, une hypothèse, soit une chimère. Tout suicide a quelque chose d'une poignante supplique : l'intrigue rebondit. Erskine, bouleversé, va inévitablement se repentir de sa première incrédulité ; il s'engage alors dans cette enquête à nouveaux frais pour finir par se convaincre, à son tour… On aura deviné qu'il lui faudra bientôt recruter un adepte, de par la réitération du truchement fantastique qui guérit l'un de son idée fixe par le seul fait qu'il a pu la communiquer à l'autre. *In fine* ce sera le narrateur du récit qui prendra la place du sceptique que son recruteur convaincra au moment même où lui-même perd la foi. Car il s'agit bien d'une foi, d'un type particulier, à la Saint-Thomas, qui veut voir pour croire. Le désir est ainsi : il désire voir, comme l'amant « aime pour voir » *(loc. cit.).*

Le regard qu'Erskine porte sur Cyril Graham est celui par lequel le lecteur le contemple et peut-être même le désire, via le narrateur du récit. C'est là aussi une chimère d'écriture, sur un mode qui annonce Dorian Gray et son portrait, et c'est ici une chimère d'écriture qui présente la particularité de s'obséder à propos d'une chimère seconde, c'est-à-dire une énigme lettrée, une question d'initiales. C'est la partie obvie du puzzle dont l'abstraction peut rendre particulièrement insolite cette obsession dont la puissance mènera Cyril Graham au suicide. La partie obtuse, pour décalquer le titre d'un célèbre essai de Roland Barthes,

1. « Il était assurément d'une beauté remarquable. (…) …mais il y avait bien autre chose dans son visage que du simple charme. Je crois que c'est l'être le plus beau que j'aie jamais rencontré, et rien ne saurait surpasser la grâce de ses mouvements et le charme de son comportement. », *Portrait de Mr. W. H.*, trad. cit., p. 19.

L'obvie et l'obtus[1], est constituée par la possibilité performative de toute poésie – celle des *Love Sonnets* en l'occurrence –, une poésie qui ne doit pas seulement être lue silencieusement mais encore déclamée, chantée, et donc intensément incarnée et vécue, à mille lieues du niveau primaire d'une lecture de déchiffrage. Dire, au sens plénier du terme, un sonnet de Shakespeare, c'est se laisser posséder avec ravissement par sa puissance incantatoire et par là par la passion qui l'inspire et qu'il déploie : c'est à son tour aimer et ressentir en soi la puissance de l'amour, quand bien même cela serait sur le mode de la déploration tragique.

Cyril Graham se donne la mort, dans une disproportion du motif à l'acte qui paraît inexplicable, du moins si l'on s'arrête pour y réfléchir. Il en sera ainsi pour Sybil Vane, qui en est l'équivalent dans le *Portrait de Dorian Gray*. Un rapprochement s'impose, par-delà la différence de leur genre sexuel respectif, entre ces deux-là, à commencer par leur passion pour le théâtre et leur prédilection pour les grands rôles shakespeariens. Il faut insister sur ce dernier point : Erskine le précise en effet, le très jeune âge de Cyril Graham se traduit par une androgynéité qui lui aura permis, tout comme Willie Hughes dans la troupe de Shakespeare, d'incarner des rôles féminins dans un théâtre universitaire – ces vénérables institutions pour garçons refusaient tout aussi farouchement d'enrôler les filles que le théâtre élisabéthain, les femmes. Le ton se fait lyrique :

> ...il faut que je vous parle du jeu de Cyril. Vous savez que les femmes n'ont pas le droit de jouer à l'ADC <le théâtre de Cambridge>. (...) Bien entendu, on confiait toujours à Cyril les rôles féminins, et, lorsqu'on monta *Comme il vous plaira* <de Shakespeare>, il interpréta le rôle de Rosalinde. Ce fut une représentation merveilleuse. Vous allez vous moquer de moi, mais je vous assure que Cyril Graham a été la seule Rosalinde

1. R. Barthes, *L'obvie et l'obtus. Essais critiques III*, Paris, Seuil, 1992.

> parfaite que j'aie jamais vue. Je ne saurais vous décrire la beauté, la délicatesse, le raffinement de son jeu. Ce fut un énorme succès, et l'horrible petit théâtre d'alors était comble chaque soir. (...) on aurait dit, tant il y mettait de grâce et de distinction, que le rôle avait été écrit pour lui. (...)[1].

On croirait entendre Dorian Gray décrire à ses amis l'impact que fit sur lui Sybil Vane dans l'un ou l'autre grands rôles féminins du théâtre shakespearien. En effet, Cyril Graham et Sybil Vane ont en commun de projeter sur scène une féminité idéale et idéalement expressive à partir d'une séduction plastique et physique : celle-ci est le fait de leur androgynie, par contraste avec ce que l'on pourrait imaginer de masculinité ou de féminité, respectivement. Quel que soit leur sexe, tous deux donnent à voir, *sur scène*, non pas quelque femme mais plus précisément l'héroïne shakespearienne, c'est-à-dire une femme en proie aux plus grandes souffrances émotionnelles : pour dire la même chose autrement, c'est la souffrance que tous deux excellent à rendre, et cette souffrance caractérise le féminin dans la scène tragique. De leur côté, Cyril et Dorian se ressemblent non pas par quelque chose de proprement théâtral : ils fascinent tous deux et malgré eux, par la projection d'une beauté idéale et idéalisée qui se suffit à elle-même. Willie Hughes est vanté par l'auteur des *Sonnets* pour cette même raison, à bonne distance de son potentiel d'acteur. Cette beauté androgyne, justement parce qu'elle semble une *idée* plutôt qu'une *réalité*, transcenderait d'emblée la différence des sexes telle qu'elle se précise à l'âge adulte et elle prédispose Willie Hughes ainsi que Cyril Graham à incarner tout à fait sérieusement des personnages féminins sans rien de forcé ou de ridicule. Il est essentiel d'apercevoir qu'Oscar Wilde est attiré par la beauté spécifique de l'androgynie plutôt que par celle que l'on

1. *Portrait*, p. 19-20.

pourrait envisager à propos de tel ou tel type masculin, comme cela est monnaie courante dans l'homosexualité d'aujourd'hui. L'indécision permet ainsi de conjoindre cette beauté du vivant, qui semble se suffire à elle-même, à la beauté de l'expression dramatisée de la douleur, qui suppose l'art, et cela est essentiel en effet dans la mesure où la douleur n'a rien de beau en elle-même. La très grande différence entre les personnages de Willie Hughes et de Dorian Gray tient au statut de l'art pictural par rapport à l'idéalité supposée de la beauté : le portrait du premier lui est étranger, dans la mesure où il fonctionne comme cette information qui vient à point constituer la preuve factuelle qui manquait à l'hypothèse de Cyril Graham, tandis que celui du second représente et transcende en même temps la beauté de son modèle, sans aucun souci documentaire, et cette possibilité-là constitue la dimension chimérique que j'ai déjà relevée tant et plus et qui dépend à son tour du médium scripturaire : une image peinte ou photographique ne pourrait que donner « une idée », comme on dit, d'une telle beauté, c'est-à-dire un simulacre d'une intensité bien moindre que ce dont rayonne l'original.

Ars Amoris, Amor Artis

Le *Portrait de Mr. W. H.* est tout d'abord l'histoire d'un simulacre, au sens classique du terme, à savoir l'apparence donnée ou produite de quelque chose qui pourtant n'existerait pas dans la réalité. Ce simulacre est bien sûr le portrait du titre, un faux, dont la fonction est de paraître authentique et dont le sens est de venir « prouver », par la force probante d'un fait réel, une démarche intellectuelle et par conséquent abstraite. C'est, en définitive, une question d'écritures : le *Portrait de Mr. W. H.* n'est jamais qu'un texte littéraire qui s'organise autour d'un autre texte tout aussi littéraire mais beaucoup plus originaire – les *Love Sonnets* de William Shakespeare : qui plus est, les deux lettres de la dédicace, W. H., soit deux initiales, signent là aussi une possibilité de simulacre, dans la mesure où la question n'est pas tranchée, qui est celle de savoir si vraiment ce jeune homme qui en serait l'« originateur[1] » par la passion qu'il inspire au poète a vraiment existé ou s'il est lui aussi un *phantasme*, celui d'un poète, en l'occurrence. Une dialectique affleure ici qui me semble essentielle pour comprendre la démarche wildienne. On peut en effet poser la question : où doit-on loger l'énergie érotique de cet acte poétique, dans ce travail d'écriture dont le résultat est cet ensemble extraordinaire des *Love Sonnets*, ou bien dans le magnétisme propre à celui ou celle qui aura inspiré un tel désir, à la fois littéraire et sexuel ? Plus radicalement, l'on doit se demander s'il est légitime de dissocier entre *désir* et *texte*, c'est-à-dire entre l'effectivité réelle du désir sexuel à l'œuvre dans la passion romanesque et le produit, hautement ouvragé, de ce que l'on voudra malgré tout considérer comme l'effet d'un délire poétique. Cette dissociation s'opère comme de par une évidence quand on s'attache à psychologiser la démarche du poète, mais dans le *Portrait de Mr. W. H.*, la base documentaire est un texte : après tout, ces *Love Sonnets* existent bel et bien et Oscar Wilde n'a pas inventé un certain William Shakespeare pour en faire le personnage clef dans son intrigue. Tout tient à la capacité, étrange, pour ne pas dire fantastique, qu'a la poésie en ses sommets de communiquer la force propre de l'émotion amoureuse à l'auditeur d'une performance de qualité, ou, dans une moindre mesure, au simple lecteur (dans le contexte d'une

1. La dédicace parle en effet d'un *begetter* – « The onlie begetter of these insuing sonnets ». La traduction en est particulièrement difficile et on se contentera ici d'une approximation : « le seul fécondateur dont ces sonnets sont le fruit ». Le terme de *Begetter* est tout d'abord religieux – c'est le langage de la *King James'Bible* –, et on le traduit souvent par « engendreur » ou « originateur », mais il provient en réalité du lexique des éleveurs, où il désigne ce mâle que, par exemple, l'on introduit dans un troupeau de brebis pour les féconder.

lecture silencieuse). Dans les deux cas, l'on doit laisser indécise la question de savoir si le lecteur, par empathie, y met du sien et par conséquent y va de son propre désir ou s'il est pour ainsi dire informé et par là initié à une forme hautement culturalisée d'un désir auquel il ne songe pas à s'identifier. Le texte peut donc bien fonctionner de manière performative, avec sa propre magie poétique, mais ce pouvoir de magnétisation érotique semble plaider en faveur d'une autosuggestion induite chez le lecteur. C'est dire qu'il ne peut pas prouver quoi que ce soit, c'est-à-dire se constituer comme une réalité « objective » qui s'imposerait comme telle, quels que soient la traduction imaginaire et/ou l'impact émotionnel qui en résulteraient chez l'auditeur. Un texte ne prouve rien, puisqu'il ne montre rien qui ne soit *ipso facto* un évènement de l'imagination lectrice. Tout autre, à cet égard, est le statut du tableau, c'est-à-dire de l'image photographique qui ici vient lui servir de paradigme. L'équation est tragique : Cyril Graham est animé de la volonté farouche de *prouver* la réalité, celle d'un Mr. W. H., alors que celui-ci n'existe que par le texte poétique, c'est-à-dire que sa réalité n'a rien de plus probant que l'image que l'auditeur ou le lecteur s'en fait. C'est donc une chimère, ce qu'établit paradoxalement la nécessité ressentie de lui donner une preuve.

Le *Portrait de Mr. W. H.* est certes l'histoire d'un faux mais elle est surtout l'illustration de ce qu'une œuvre, qu'elle soit celle d'un poète comme Shakespeare ou d'un faussaire, est réversible à loisir : tantôt elle est à elle-même la preuve de sa vérité, tantôt elle n'en est qu'une métaphore qui ne prouve qu'elle-même. Une œuvre de l'art pictural, lequel au dix-neuvième est encore foncièrement figuratif, est en elle-même hypothétique : sa qualité esthétique ne dépend pas de la question de savoir si son sujet a ou non existé *en réalité*. Toutefois, en cette fin de siècle, les paradigmes sont en voie de mutation : la photographie, dont l'usage se répand dans la société et se banalise, oppose à l'art pictural un effet d'objectivation par lequel il faut supposer qu'une réalité a dû nécessairement préexister au cliché pour que celui-ci puisse la représenter « objectivement ». Cette concurrence ontologique d'avec la peinture rejette celle-ci dans le domaine fort hétéroclite de tout ce qui n'est pas justement « objectif » : l'impression, le style, l'émotion, l'intention, le désir, la passion, etc. Oscar Wilde interroge déjà dans le *Portrait de Mr. W. H.* cette ambivalence entre la réalité sensible qu'objectifie la photographie et cette tout autre réalité que l'art introduit dans notre monde et qui comporte toujours déjà une part d'idéalité, d'irrationalité, d'onirique, de fantastique, etc. Le *Portrait de Dorian Gray* explorera les conséquences métaphysiques d'une telle ambivalence déjà pressentie dans le récit de 1889.

Moins d'un siècle suffira à partir de l'invention de la photographie (1839) pour qu'émergent deux extrêmes vertigineux au sein de cette ambivalence : d'une part, la photographie qui, représentant le réel par l'effet automatique de son mécanisme et de sa chimie, démontre qu'il est radicalement *vide* de tout enchantement au sens du *Zauber* dans le « désenchantement » décrit par Max Weber (*Entzauberung*), et, d'autre part, la peinture qui peut dans l'absolu s'amenuiser jusqu'à ne plus tenir qu'à un fil, constitué par le seul geste de peindre, se vidant lui aussi de toute sentimentalité, de toute intention pour se refermer sur l'énigme fondatrice de tout simulacre. La connexion intime entre la représentation et l'intention, comme Oscar Wilde l'a bien senti et saisi, n'a rien de « logique » : elle est, au mieux, paradoxale. La magnifique plastique d'un être vivant peut bien être considérée en elle-même, de manière métaphysique comme le font si souvent les philosophes, mais elle est toujours belle pour quelqu'un qui la contemple, quand bien même un tel admirateur croirait y voir la beauté « en elle-même », c'est-à-dire dans la manifestation mystique de l'idéalité qu'elle *est* et qu'elle *représente* à la fois. Et symétriquement, il est loisible de parler, à vide, du désir dans la pureté de son concept possible, sans rien spécifier de ses objets possibles. Dans ce double cas, la beauté et le désir s'articulent l'un à l'autre de par un chiasme (plutôt que de par une égalité ou une coïncidence originaire) qui fascinait Oscar Wilde : entre l'amour (c'est-à-dire en un langage plus direct, un désir sexualisé qui revendique le réel d'un « rapport » et par conséquent la réciprocité qu'il met en œuvre) et l'art (qui produit des images, des représentations, des poèmes, des fictions, etc., et qui en cela délaisse toute possibilité d'implication réciproque et tout rapport), un chiasme peut être énoncé, *Ars Amoris, Amor Artis*, qui résume tout ce que Wilde a mis, à une profondeur vertigineuse et passablement cryptique, dans son *Portrait de Mr. W. H.* Pour expliquer cela, il me faut emprunter une anecdote révélatrice à Richard Ellmann, son biographe peut-être le mieux documenté. Ayant achevé de rédiger son récit, Wilde eut l'idée, au printemps 1889, de faire confectionner un « vrai » faux portrait suivant la description qu'il est capable d'en donner très précisément. Il jeta son dévolu sur deux peintres, Charles Ricketts et Charles Shannon, qui travaillaient ensemble et qui étaient liés entre eux par une grande affection... Après leur avoir lu son texte, il leur passa commande d'un tableau dans le style de François Clouet, dont le cadre, également réalisé dans la manière du seizième siècle français, devait porter l'inscription d'un *motto* : *Ars Amoris, Amor Artis*. Cette devise, précisait-il, résumait toute sa propre philosophie.

Ars Amoris, Amor Artis : le tour parataxique de cette formule ne permet pas de déterminer comment l'amour de l'art et l'art de l'amour – c'est-à-dire le désir qui ambitionne d'abolir toute distance d'avec son objet et l'art, qui, au contraire, la réifie – se rapportent l'un à l'autre. Tout au plus, un tel chiasme, si typique de la rhétorique élisabéthaine, peut relever du même jeu qui consiste à faire réaliser un vrai-faux tableau dans un style renaissant des plus convaincants. Le texte lisible devient image sensible et visible. Mais le jeu peut se poursuivre à loisir : à la réception de sa commande, Oscar Wilde remercia les peintres en inversant plaisamment les valeurs de vérité et de simulacre :

> Ce n'est nullement un faux, lui écrivit Wilde en recevant le tableau, c'est un authentique Clouet de la plus haute valeur artistique. Quelle absurde idée vous avez eue, Shannon et vous, d'essayer de me rouler ! Comme si je n'allais pas reconnaître la touche du maître ou la facture du cadre ![1]

Naturellement, un tel énoncé est un évident *witticism* tout à fait dans la manière de Wilde qui se plaît si souvent à inverser l'ordre du vrai et du faux tel qu'il est convenu. Au-delà du jeu, la signification est profondément sérieuse : la vérité que l'on peut, apparemment par jeu, trouver dans un faux n'est pas une question d'authenticité ou de falsification parce qu'elle dépend de l'intention à l'œuvre dans sa confection ainsi que de sa réception. Si c'est beau, c'est vrai, à l'aune de l'intensité du plaisir esthétique, voire même du désir sexuel, qu'il évoque ou qu'il provoque. L'amour de l'art et l'art de l'amour, moyennant la concision du latin, se laissent ainsi énoncer en un chiasme dont la traduction topologique ressemble curieusement à un ruban de Möbius : moyennant une torsion, celui-ci n'est fait que d'un bord ou d'un côté, et l'on peut y lire le symbole de son unité intime, bien que sa représentation fasse apparaître au regard deux bords et deux côtés. L'art et l'amour n'en font qu'un, qui paraît deux de par une dualité qui reste le plus souvent inaperçue…

1. *Cf.* R. Ellmann, *Oscar Wilde*, trad. fr. Ph. Delamare, M. Tadié, Paris, Gallimard, 1994, p. 328-329. Selon ce biographe, ledit tableau disparut en 1895 à l'occasion de la liquidation publique de toutes les possessions de Wilde suite à sa condamnation. Charles de Sousy Ricketts (1866-1931) et Charles Haslewood Shannon RA (1863-1937) furent des peintres, illustrateurs et portraitistes célèbres en leur temps.

l'écriture démultipliée du désir

Dans son intrigue et son écriture, le *Portrait de Mr. W. H.* rappelle ces vertigineuses perspectives dont la Renaissance italienne se délectait : une démultiplication de niveaux et de points de fuite y organise ce qui, en dernier ressort, est l'affaire d'une écriture. Mais nous l'avons dit, Wilde use d'un déplacement, qui paraît artificié alors qu'il est fondamental. En effet, le *Portrait de Mr. W. H.* est ce récit chantourné jusqu'à l'artifice, dont l'objet est une *autre* écriture qui la précède dans l'histoire, avec une double valeur de réalité objective – c'est un fait, et Shakespeare a bel et bien écrit ces *Love Sonnets* – et d'invention : lui-même prétend écrire sa poésie de par l'urgence d'une inspiration érotique qui lui viendrait d'un être *autre*, dont l'attrait détiendrait une dignité aussi métaphysique que le plus beau des vers. S'il s'agit d'un certain W. H., auquel Shakespeare reconnaît, pour ainsi dire, la réelle et authentique paternité de son œuvre poétique, le fait est qu'il n'existera désormais, à travers les âges, que par ce miroir de l'éros scripturaire, un miroir qui révèle ce qui est hors de lui et qui le réinvente radicalement.

L'on a aujourd'hui à peu près tout oublié de ce que fut le poème, dans sa puissance immédiatement manifeste, à l'instar d'une incantation ou d'une prophétie. La puissance du poème est d'essence prophétique. Un poème ne nous informe pas sur son objet et nous ne savons rien de la beauté de Willie Hughes. Il révèle à la fois la matérialité de la langue et sa transparence qu'en obtient la parole par l'acte même de sa profération. Raison pour laquelle il faut la *dire*, à voix haute, plutôt que de la *lire*, muettement, même si là aussi quelque chose subsiste de son charme toujours profond. La poésie est tout entière musique, à ceci près qu'elle est acheminement vers la musicalité, que je dirais à la fois métaphorique et littérale (dès lors qu'il est loisible de la mettre en musique). Par comparaison, la musique *stricto sensu* est ce qui résulte de cet acheminement accompli : ce que la poésie est toujours en voie d'accomplir, la musique l'*est* d'emblée, parce qu'elle est tout entière advenue dès lors qu'elle se tient désormais au-delà des mots. Je ne m'explique pas autrement cette conviction que l'on a d'y entendre encore la vibration secrète d'une âme – sans pouvoir jamais déterminer si c'est celle du compositeur, de l'interprète ou encore de l'auditeur. Le poème vise la musique et celle-ci est cette vibration qui subsiste quand la cible est atteinte par un invisible trait décoché d'on ne sait plus où. Ce début d'explication, qui je le concède n'explique rien, était requis par l'articulation qui se noue entre le désir et la poésie shakespearienne, pour ne parler que de celle-là. Ce que la poésie est à la musique – mais il faut, pour l'un comme pour l'autre, n'envisager que le meilleur – le désir, à la fois esthétique et érotique, l'est pour le poème. Avec les *Love Sonnets*, tout est désir, à ceci près que le désir parle surtout de lui-même pour attester de ce qu'il ne peut que perdre ce qu'il ambitionne de saisir. Le poème est ce que le désir porte à dire, lui qui n'a rien à dire en propre. Il est un enchantement : son effet est à produire hors de lui, par l'acte même de la performance. Les *Love Sonnets* ne cessent de s'adresser à cet être désormais absent dont ils prétendent tirer leur énergie. Chacun d'eux est une prière en même temps qu'une louange, dont l'incantation est ce qui convoque à une présence, qui est au principe de toute présence. L'*éros* mystique naît de telles incantations. Il fait voir la beauté là où des yeux humains ne peuvent voir que de la chair. S'il est malaisé, faute de documents, de relater la genèse desdits *Love Sonnets*, rien n'est plus facile que de l'imaginer, justement parce qu'il est question de désir : ils naissent du désir et ils en parlent le langage.

Cela étant, la poésie se suffit à elle-même et il faut se demander non seulement pourquoi Wilde se saisit de cette célèbre et vénérable curiosité d'érudits[1] mais encore pourquoi il traite indirectement cette énigme en lui surajoutant l'histoire d'un bien étrange jeune homme – Cyril Graham – qui, sans raison aucune dont il puisse donner la preuve, aura pu se persuader qu'il en avait percé le secret. Cette idée-fixe constitue un forçage, sur un mode quasi hystérique, de cette présence élusive et spectrale, qui naît du désir au sein de l'imaginaire. Wilde met en scène cette quête de l'impossible, en tressant une histoire autour d'une autre histoire, et une image par-dessus un fantôme, alors qu'à beautés équivalentes, Cyril Graham aurait bien pu être en d'autres temps et circonstances ce Willie Hughes dont William Shakespeare s'était obsédé, à hauteur de chefs-d'œuvre. On ne s'en aperçoit pas d'emblée à la lecture du *Portrait de Mr. W. H.*, c'est bien par sa personne même que Cyril Graham est « celui qu'on recherche », du point de vue d'Erskine en tout cas, et non pas Willie Hughes lui-même, dont on ne saura jamais rien – à telle enseigne que des initiales ne peuvent désigner qu'un mystère éteint, une personne disparue, une beauté fanée qui n'existe encore qu'à travers les poésies de Shakespeare et leur effet sur notre imagination lectrice. Wilde, de propos délibéré, met en place un subtil effet de « lettre volée » : Cyril Graham est l'équivalent possible, pour le désir homosexuel, de ce dont il est à son insu le chercheur égaré. Tout est métaphore et déplacement pour ce désir, qui change d'objets

1. « La théorie controversée au sujet de Willie Hughes (…) n'est pas l'invention de Wilde. Elle fut tout d'abord avancée en 1766 par le critique littéraire Thomas Tyrwhitt et entérinée par la suite par Edmund Malone dans son édition maîtresse des *Sonnets*, en 1790. (…) À l'époque de la rédaction du *Portrait de Mr. W. H.* (…), cette théorie n'était plus vraiment à la mode auprès des spécialistes de Shakespeare. », D. Friedman, *Negative Eroticism*, Baltimore, Johns Hopkins University Press, Volume 80, Issue 2, 2013, p. 599 (ma traduction).

à loisir tout en se persuadant de rester fidèle à ce qui n'est au fond qu'une chimère de perfection plastique et poétique.

d'un portrait à l'autre

En fin de compte, le *Portrait de Mr. W. H.* est constamment tenté par l'autoréférentialité : le signifiant y voyage en cercles concentriques sans rien perdre de son opacité et désigne ainsi le centre vide de ses gyrations. Oscar Wilde, qui tentait d'écrire ainsi l'histoire d'une obsession intellectuelle secrètement énergisée par le désir, s'est pour ainsi dire piqué au jeu, de plus en plus conscient que cette obsession était plus fondamentalement la sienne, de par une clarté qui rendait obscurs tous les replis d'une intrigue inutilement compliquée. C'est ainsi que par la suite, il n'a cessé de vouloir retoucher son texte pour l'approfondir et tenter d'en atteindre son cœur secret. Après en avoir obtenu la publication dans le numéro de juillet 1889 du *Blackwood's Edinburgh Magazine*, il a en effet retravaillé ce récit sur une période de temps assez longue, trois à cinq ans, selon Ian Small[1], pour l'augmenter considérablement : ses ajouts consistaient pour l'essentiel en une analyse approfondie de ceux des *Love Sonnets* que Shakespeare avait consacrés à son amant, un commentaire du *Banquet* platonicien et enfin quelques considérations suivies sur l'importance de l'amitié virile à la Renaissance[2]... L'obsession, celle qui fait désirer écrire et écrire le désir, paraît en droite ligne l'effet dont la cause serait, à hauteur d'idéal platonicien, l'absoluité attribuée à la Beauté, mais l'on pourrait tout aussi légitimement

1. I. Small, *Wilde's Texts, Contexts and 'The Portrait of Mr. W. H.*, K. Powell, P. Raby (eds.), Cambridge University Press, 2014, chap. 36 : *Oscar Wilde in Context*, p. 374.

2. C'est cette version longue établie par Mitchell Kennerley, qui fut publiée en 1921 et qui a été intégrée à l'édition pour ainsi dire canonique des œuvres complètes d'Oscar Wilde, *The Collins Complete Works*, notre source principale dans le présent ouvrage. *Cf.* I. Small, *Wilde's Texts*, *op. cit.*, p. 375 et 380.

y voir la conséquence directe de l'infernale condition faite aux hommes qui désirent à contre-courant de leur époque, quels que soient leurs intérêts et leurs prédilections. Les deux types d'obsession sont intimement liés. Les principaux intéressés peuvent eux-mêmes s'y leurrer : l'obscure menace nocturne qui les plaque au sol est cette rumeur de fond qu'ils finissent par ne plus entendre et qu'ils s'évertuent à refouler : leur chimère est un effet de lumière – la beauté – ou plutôt un lampion de théâtre autour duquel ils volettent obsessionnellement, s'aveuglant à tout le reste. Dans les deux cas, il s'agit d'obsession, qu'elle procède de la répression elle-même absolutisée de tout désir comme c'était le cas dans l'Angleterre victorienne ou qu'elle participe de la dynamique du désir lui-même dans la mesure où il reste toujours possible de faire abstraction de la répression et du refoulement que la politique des mœurs induit sans reste chez tout un chacun.

Dans le *Portrait de Mr. W. H.*, Oscar Wilde met en scène cette obsession en la logeant dans une démarche fondamentalement intellectuelle : rien de plus anodin que l'identité réelle du dédicataire inconnu des *Love Sonnets* de Shakespeare. Mais l'on veut *savoir*, de par une lubie qui décalque la scopophilie décrite par Freud et qui exige de *voir*, comme si c'était là l'ultime de la possession sexuelle. Qu'est-ce qu'un nom ? – Dans le meilleur des cas, en effet, ce n'est qu'une information, qui ne dit rien de plus que ce qu'elle dit. Cyril Graham veut voir *enfin*, c'est-à-dire qu'il veut donner une conclusion à sa rage de voir/savoir, comme si savoir qui est Mr. W. H., c'était le voir enfin, et comme si le voir enfin, c'est attester de lui une réalité scopique, que l'on peut voir et, si l'on suit Saint Thomas, que l'on pourrait toucher. Réduit à l'intellect, ce désir affole et donne à cette recherche, qui paraît chastement académique, un tour forcené et presque absurde. Le monstrueux de la chose prend un tour fantastique dans la mesure où cette lubie se communique d'un protagoniste à l'autre dans le récit, tandis que l'essentiel en reste à peu près dissimulé, à savoir les enjeux homoérotiques de l'intrigue, qui pourtant s'avèreront évidents pour maints lecteurs de ce récit. Encore un effet de « lettre volée ».

Tout autre est la configuration de l'obsession, dans le *Portrait de Dorian Gray* : elle n'a plus rien d'intellectuel et se concentre tout entière dans le désir et vice-versa... Oscar Wilde prend soin de relier cette « curiosité envers la vie » au manifeste hédoniste prêché par Lord Henry au tout début du livre, pour en souligner l'avidité insatiable et maniaque[1]. Si Dorian Gray ne cède en rien sur son désir, pour reprendre la formule lacanienne, tout pourtant cède devant lui et rien de tout cela ne lui suffit. Il y a quelque chose de faustien dans l'insatisfaction foncière de cet anti-héros. L'obsession naît de ce que toute résistance à son désir (y compris les limites mêmes de son organisme) aura été par principe abolie par le truchement fantastique du tableau. Dorian Gray, éternellement jeune et beau, séduira tout aussi éternellement des êtres qui, tous, pêle-mêle, échoueront pourtant à le séduire en retour : l'enchantement se mue en une condamnation à l'éternité, qui se traduit visuellement par la dégénérescence de son double, tel que le portrait l'exhibe. Cette laideur qui ne cesse de se radicaliser de manière médusante constitue la dernière limite que rencontre ce désir rendu fantastiquement irrésistible.

Parce qu'il se manifeste, aux yeux d'autrui, comme une puissance de désirabilité transcendante, ce désir d'une pureté métaphysique n'a, pour finir, d'autre ressource que celle de se prendre lui-même pour objet, conjoignant implosivement le même et l'autre, le modèle et son portrait, la beauté et la

1. « La curiosité envers la vie que Lord Henry avait le premier éveillé en lui semblait grandir à mesure qu'elle était satisfaite. Plus il en savait, plus il voulait en savoir. Il avait des appétits furieux qui se faisaient plus voraces à mesure qu'il les assouvissait. », *Portrait*, p. 188.

laideur : il devient pour lui-même son propre *autre*, ce qu'il recherche et refuse à la fois, à la fois la vérité exhibée de son âme et l'accusation insistante d'un équivalent de « conscience morale »[1]. La contradiction radicale entre le beau et le laid est ce qui l'empêche d'imploser, mais c'est cette contradiction en elle-même, plutôt que le beau, qui attise le désir. La figure du faune ou du satyre, usé et vieilli, bestial et lubrique, cynique et roué est l'envers – et la vérité – d'une beauté surnaturelle qui a valeur de masque, parce qu'elle cache un secret et parce qu'elle est l'effet d'un truchement fantastique que personne autour de lui ne pourrait suspecter. Horreur et beauté médusent également. Nous parlons bien volontiers de chimère d'écriture à l'endroit du personnage de Dorian Gray parce que justement cette chimère est, au terme de son épuisement existentiel, la seule chose qui l'émerveille encore et qui est capable de l'inquiéter jusqu'à la panique. Ce n'est pas la perspective du péché ou de la damnation mais l'expérience de la folie que produit pour lui-même le désir quand il n'a plus rien d'autre que lui-même à désirer, extase et horreur entremêlées, ce qui l'amène à se diffracter en phantasmes douloureusement incompossibles. La modalité fantastique de la fiction requiert l'absolu, qui n'est pas de ce monde. L'intrigue du roman prend ainsi la forme séquentielle, de type hégélien, de l'accomplissement dialectique de la beauté absolue et son éternisation à la fois bénéfique et maléfique.

Le lecteur sautera à la conclusion, évidente pour l'époque, à savoir que le plaisir en excès mène au crime, avec ou sans remords. Mais Oscar Wilde dit tout autre chose : la beauté si

1. « Le tableau l'avait empêché de dormir. Lorsqu'il s'absentait, il tremblait à l'idée que quelqu'un le voie. Ce tableau avait jeté une ombre de mélancolie sur ses passions. Le seul fait d'y repenser lui avait gâché plusieurs bons moments. Il avait été pour lui comme une conscience morale. Oui, une conscience morale. Il allait le détruire. », *Portrait*, p. 295.

elle était absolue, ce qui ne se peut que par un décret proprement fantastique qui est au pouvoir de l'écrivain et de lui seul, serait à ce point unilatérale qu'elle hystériserait celle ou celui qui en serait pour ainsi dire affligé : Dorian Gray mais aussi Salomé. Pour pouvoir parler de crime, il faudrait convoquer l'instance transcendante du bien et du mal, ce à quoi Wilde se refuse. En effet, si Dorian Gray entérine le crime, il en refuse la culpabilité et il se situe par conséquent par-delà bien et mal, sans honte et sans souci d'autrui : en fait, le crime n'existe pas pour lui, avec cette profondeur de champ que l'on retrouve chez Dostoïevski, par exemple. Le mal auquel Dorian Gray *croit*, comme l'on croirait en Dieu, est celui dont il voit le visage démoniaque dans son propre portrait, mais ce mal n'est pas le double du bien, ou son envers logique. Isolé lui aussi en lui-même, il est bien plus archaïque et chthonien que ce paradigme duel que les monothéismes acclimateront dans les esprits. En cela dionysiaque, il peut bien représenter l'autre face, hivernale et violente, du désir dont la beauté dit l'essor printanier. Dans tous les cas, il s'agit bien en définitive du désir vital, qu'il ne faut pas limiter au seul domaine sexuel mais dont il ne faut pas non plus l'amputer, ce désir que chacun reconnaît en soi à la fois comme son propre et comme une force étrangère qui surgit d'on ne sait où et prend le pouvoir, en réalisant l'union fatale du corps et de l'âme.

D'un point de vue éthique, la laideur de l'âme telle qu'elle transparaît peu à peu dans le tableau maléfique semble réclamer une interprétation religieuse, parce qu'elle est fondamentalement *magique*. Mais chez Wilde, cette magie est résolument païenne et sa violence, à la fois meurtrière et sexuelle, précède toute religion et lui survit, intacte, quand le désenchantement wébérien l'a réduite à rien, de par les effets délétères de la modernité. La magie survit à la religion. L'archaïque logique sacrificielle perdure vaille que vaille et la haine sociale fonctionne encore et toujours de la même façon, s'accumulant comme une énergie violente qui se cherche une cible et qui, l'inventant de toutes pièces, se persuade de l'avoir identifiée, en toute objectivité. La fascination morbide qu'éprouve Dorian Gray pour la face nocturne de son être – ce que lui montre le portrait – reflète celle de la société anglaise de cette époque qui s'emploie à pister et à débusquer sa propre monstruosité parmi les victimes sacrificielles que la haine sociale lui désigne :

> Il lui arrivait souvent en rentrant chez lui, (...) de se glisser subrepticement vers la pièce du haut fermée à double tour, (...) ...et de se tenir avec un miroir devant le portrait que Basil Hallward avait fait de lui pour regarder tour à tour sur la toile le visage mauvais et vieilli et le beau visage jeune qui lui souriait dans la glace. La netteté même du contraste avivait son plaisir. Il s'éprenait de plus en plus de sa propre beauté, portait un intérêt sans cesse accru à la corruption de son âme. Il examinait avec minutie, voire avec une monstrueuse et terrible délectation, les affreuses rides qui barraient son front plissé ou cernaient la bouche épaisse et sensuelle, se demandant parfois ce qui était le plus horrible, des signes du péché ou ceux de l'âge. Il plaçait ses mains blanches à côté de celles, vulgaires et boursouflées, du portrait et avait un sourire moqueur pour ce corps difforme et ces membres affaiblis[1].

Nulle transcendance religieuse ici, sinon celle, artificiée qu'instaure le trucage fantastique qui produit l'éternité dans la beauté vivante et la mutabilité dans celle de l'œuvre peinte. Nuls concepts du bien et du mal, rien que de la fascination pour la monstruosité et du désir en vue de la beauté. Fascination et désir ne sont au fond que deux mots différents pour désigner la même chose avec l'hyperbole fantastique qui les rendent radicalement obsessionnels. La dimension chimérique du personnage de

1. *Portrait*, § 11, p. 187.

Dorian Gray n'ôte rien au pouvoir de fascination qui s'exerce sur les lecteurs, parce qu'elle s'alimente à l'énergie de cette fascination pour le désir et de ce désir pour la fascination, qu'Oscar Wilde commence à percevoir en lui et qui est à la portée de tout le monde. Le *Portrait de Dorian Gray* commence dans l'évocation d'un absolu fascinant de désirabilité esthétique et sexuelle et finit dans celle d'un absolu fascinant de violence radicale. Le premier est une chimère, le second, une réalité sociale. Chaque lecteur est profondément sensible à l'un comme à l'autre : la violence, c'est-à-dire la haine sociale, est une forme de désir infiniment plus puissante que le désir lui-même, dans ses fantasmagories ambiguës qui font passer en contrebande des pulsions sexuelles pour des visions platoniciennes.

L'hédonisme de Lord Henry est bien plus raisonnable : il ne s'embarrasse guère de l'absolu et se méfie du mysticisme qu'il pourrait engendrer. Chez lui, le désir sexuel est une affaire plutôt ordinaire qui se satisfait de beautés plus humaines et par conséquent plus ordinaires et accessibles. D'où le choc qu'a pu lui valoir la rencontre d'avec l'absoluité dans la beauté qu'il perçoit tout d'abord dans le portrait, à hauteur de chef-d'œuvre, que Basil Hallward est en train de finir, au tout début du roman. On peut conjecturer que la beauté physique du jeune homme aura produit sur lui l'effet exceptionnel d'une idéalité incarnée, ce en quoi la dimension fantastique de cette fiction se marque, puisque ce n'est que dans l'imagination (celle de l'auteur autant, on peut l'espérer, que dans celle des lecteurs) que le potentiel d'idéalisation toujours à l'œuvre dans le désir se mue *ipso facto* en une idéalité en acte. Celle-ci rayonne avec une telle intensité qu'elle inspire à Lord Henry une véritable philosophie de la vie sensuelle, c'est-à-dire un « nouvel hédonisme », à l'inverse de la vocation idolâtre et obsessionnelle du peintre.

lord Henry et son « nouvel hédonisme »

Entre la première version du *Portrait of Mr W. H.* et la version finale de la *Picture of Dorian Gray*, Oscar Wilde aura beaucoup écrit et beaucoup vécu. Selon Richard Ellmann, la rédaction du premier de ces deux écrits aurait débuté dès 1887, à la suite d'une conversation à bâtons rompus avec Robert Ross au cours de laquelle il en aurait improvisé l'essentiel[1], tandis que selon Ian Small[2], son élaboration se serait prolongée sur quelques années – trois à cinq ans – bien au-delà de la publication en 1889. C'est d'ailleurs cette version longue qui est désormais intégrée dans les *Œuvres complètes.* La conséquence est qu'une partie appréciable de la réécriture du *Portrait de Mr. W. H.* aura été contemporaine de la toute première rédaction du *Portrait de Dorian Gray*, commencé à la fin de l'automne 1889 et terminé pour l'essentiel au début de l'été 1890[3]. Cette observation est importante : elle démontre que le travail de l'écriture aura été le lieu d'une mutation importante dans la vie d'Oscar Wilde, tout autant en tout cas que ses explorations de plus en plus décisives dans le monde clandestin et bigarré de l'homosexualité victorienne. Désormais, l'on perçoit dans la mutation de son écriture l'énergie d'un désir très nettement sexualisé, qui la renouvelle en profondeur. On peut en prendre la mesure en comparant, comme nous l'avons fait ici, entre les deux *Portraits.* Neil McKenna semble avoir raison lorsqu'il remarque que « l'idéal néoplatonicien de l'amour, si parfaitement présenté dans le *Portrait de Mr. W. H.*, est emblématisé par l'amour pur et parfaitement spiritualisé

1. « Comme *Le portrait de M. W.H.*, il <*Le Déclin du mensonge*> naquit d'une conversation avec Robert Ross, le disciple bien-aimé. », R. Ellmann, *Oscar Wilde, op. cit.*, p. 331. On peut ainsi interpréter le sens profond de cette adresse de Wilde à Robert Ross, qu'Ellmann cite : « En fait, l'histoire est à moitié la vôtre, et sans vous elle n'eût pas été écrite », *Ibid.*, p. 328.
2. I. Small, *Wilde's Texts, op. cit.*, p. 378.
3. *Cf.* N. McKenna, *The secret life of Oscar Wilde, op. cit.*, p. 132.

que Basil Hallward porte à Dorian » avant que Lord Henry séduise ce dernier « spirituellement et sexuellement »[1]. Est-ce à dire que Wilde lui-même aurait vécu un véritable dilemme entre la sublimation du désir sexuel par l'art et la reconnaissance de l'importance du plaisir sexuel dans ce qu'on appellerait aujourd'hui « l'épanouissement personnel » ? Probablement, mais le départage ne se fait pas entre l'amour platonique parce qu'il serait plus socialement acceptable et l'affirmation de plus en plus désinhibée d'une sexualité plutôt dionysiaque, comme McKenna le voudrait[2] : les deux possibilités chez Wilde ne diffèrent pas par la nature ou encore l'intensité du type de désir qu'il ressent mais bien plutôt par ce qu'il a pu en faire. Le travail de critique de Neil McKenna a le défaut de ses qualités : il interprète Wilde à partir du prisme de sa seule sexualité et traite celle-ci comme si elle devait se manifester, chez lui comme chez tout homosexuel victorien, comme une évidence claire et distincte, ce qu'elle n'est pas, même aujourd'hui. Une confusion s'installe entre l'énigme propre de ladite sexualité – qu'est-il intellectuellement possible d'en dire ? – et la chape de plomb sous laquelle elle est ensevelie, selon une *omerta* généralisée que les homosexuels victoriens entérinent le plus souvent – qu'est-il permis d'en dire ? –. Une alternative tranchée se dessine alors : tout se passe en effet, d'une part, comme si tout était imputable à la sexualité elle-même, tout, c'est-à-dire le péché originel, la déviance et la délinquance sociales ou la pathologie et la dégénérescence, surtout dans le cas de l'homosexualité ou, d'autre part, comme si *a contrario*, rien n'était plus sain, clair et évident, que le désir sexuel, depuis son émergence confuse jusqu'à ses pratiques les plus engagées.

1. *Cf.* N. McKenna, *The secret life of Oscar Wilde*, *op. cit.*, p. 127.

2. « Le corps et l'âme chez Dorian s'en disputent la maîtrise. Le corps symbolise le sexe, et l'âme, l'amour », *Ibid.*, p. 127 (ma traduction). Une telle thèse ne vaudrait pas la peine d'une citation si elle n'était un lieu commun des plus répandus aujourd'hui, alors qu'il ne convient pas du tout à la pensée d'Oscar Wilde lui-même.

Dans ce « tout ou rien » fatal, les angles morts abondent. La thèse idéologique et même religieuse d'un stigma originel attaché au sexe a pour conséquence pour ainsi dire mécanique un effet de désincarnation – pas de sexe, donc pas de corps, et vice-versa – à partir duquel la démarche artistique et littéraire semble valoir surtout pour son potentiel de sublimation et rien d'autre. Symétriquement, la thèse libertaire et hédoniste d'une positivité originaire qui émanerait immédiatement des usages du corps et des plaisirs – du corps, donc de la sensualité, de la sexualité, de l'hédonisme – réduit ladite démarche artistique et littéraire à un effet purement décoratif, et rien d'autre. Or c'est bel et bien par un travail d'écriture – c'est-à-dire de réflexion par l'écriture et les explorations que la fiction rend possibles – qu'Oscar Wilde dépasse la stigmatisation de sa propre sexualité et prend de plus en plus clairement conscience du rôle qu'y joue la haine sociale, potentialisée par la modernité et ses effets de désenchantement. La normativité politique et religieuse invoquait de tout temps des forces transcendantes – Dieu ou encore le progrès de la civilisation, de plus en plus articulé à des considérations eugénistes – pour justifier la répression du désir et du plaisir comme un corollaire d'idéaux plus fondamentaux. Avec le désenchantement apporté par la modernité, il apparaît que ces mêmes idéaux n'étaient en fait que l'alibi d'une telle répression et que la logique est au fond une affaire de pouvoir, de contrôle et de dominance. Le *Portrait de Mr. W. H.* creuse l'énigme du désir, et son intellectualisation est la contrepartie d'une isolation splendide où la haine sociale ne pénètre pas. Le *Portrait de Dorian Gray*, par contraste, fait fi de tout mystère qui s'attacherait à la pratique sexuelle, et opérant le passage de la position sublimée qui est celle du peintre à celle, plus résolument pragmatique, de Lord Henry, fait de la beauté absolue, un stimulus absolument irrésistible qui fait envisager d'emblée le passage à l'acte que suppose toute pratique sexuelle. Les deux approches ne s'excluent pas mutuellement et Oscar Wilde aura toujours eu cette conscience aiguë d'être « une question pour laquelle il n'y a pas de solution » comme il l'écrivit en 1897 à More Adey[1]. Cette configuration dialectique se laisse aisément traduire en termes phénoménologiques : W. H. (Willie Hughes) a la substance fantomatique d'une chimère ; il est un rêve qui naît de la lecture des sonnets shakespeariens et que le récit structure par une intrigue conformée de manière à rejouer constamment l'une ou l'autre possibilité de dénouement. Tel est le désir, qui cherche toujours à se dénouer, ce qui ne se peut que dans le passage à l'acte (sexuel). Dorian Gray diffère de W. H., parce qu'il existe de la même façon, prosaïquement vivante, que ceux qui peuvent lui parler et le regarder, ne serait-ce que dans le roman, puisqu'il faut constamment garder à l'esprit que le prisme de l'écriture en commande toute l'économie, à commencer par l'absolutisation fantastique de ses éléments : une beauté parfaite, une jeunesse éternelle, la dimension de chef-d'œuvre spectaculaire du portrait, etc. Tout est en excès et l'excès est justement la condition de possibilité d'une intrigue fantastique et de son dénouement. On l'oublie trop aisément : s'il faut en effet surdimensionner ce récit via les conventions du fantastique, cela peut signifier qu'à hauteur humaine, rien n'est aussi facile ou même possible qu'on le voudrait. Le fait que le portrait vieillisse en lieu et place de son modèle est ce qui rend possible le dénouement violent d'une intrigue qui, somme toute, se réduirait à bien peu de choses sans cela : Dorian Gray est, disons, très beau et par conséquent très désirable. Le dénouement ordinaire et pour ainsi dire mécanique suivra l'un des deux chemins dont j'ai dit plus haut l'alternative, soit un portrait, qui ne fait guère avancer les choses, quand bien même il serait un

1. Oscar Wilde écrivit dans une lettre datée de 1897 qu'il était un problème sans solution : « I was a problem for which there was no solution », citée, entre autres, par M. Knox, *Oscar Wilde, A long and lovely suicide*, Yales University Press, 1996.

chef-d'œuvre, soit une histoire d'amour et de sexe, vouée à une inlassable répétition, qui en fait ne dénoue rien.

Quelle solution pourrait être envisagée au-delà de ces impasses symétriques ? Une grande scène au tout début du roman de 1891, alors que rien n'est encore joué, nous fait assister à un dialogue par lequel Lord Henry Wolton prêche son propre *manifesto hédoniste*, qui dit en substance qu'il appartient à Dorian Gray non pas d'être unilatéralement et *passivement* le foyer de tous les regards et de tous les désirs mais plutôt d'en devenir *activement* le maître. Par-delà le schéma clairement reconnaissable d'une initiation de l'éromène par l'éraste, Lord Henry prêche un renversement de la dissymétrie traditionnelle : s'il est probable qu'il le désire, il ne demande pourtant pas à Dorian Gray de se plier à son désir mais au contraire, de s'en faire l'*agent*, laissant entrevoir, dans une vision peut-être utopique, un rapport sexuel fondé sur la réciprocité, un rapport où le désir de l'un énergiserait celui de l'autre à son égard et s'en repaîtrait autant qu'il est possible. La dimension tragique du *Portrait de Dorian Gray* se marque dans l'unilatéralité bientôt cimentée de cette agentivité : la beauté de Dorian Gray métaphorisée et exaltée par le privilège fantastique d'une jeunesse inaltérable devient un pouvoir bientôt absolu. Rien ne lui résiste et par conséquent, rien ne peut s'opposer à lui comme une altérité, et c'est certainement une conséquence que Lord Henry n'a pas pressentie dans sa philosophie hédoniste. Prêcher le plaisir devant la beauté, c'est tenir pour évidente et nécessaire leur articulation réciproque. Mais le plaisir se joue à deux, et la beauté est d'autant plus isolée qu'elle est insigne.

Si un peu de beauté incite à la consommation sexuelle, beaucoup en dissuade. Question d'intimidation, bien plus que de police des mœurs. Dans le roman, cette contemplation éperdue de la beauté à laquelle se livre le personnage du peintre et qui est le point de départ de toute sa création artistique, s'accompagne toujours déjà d'un effort désespéré d'en absorber le plein choc sans en être détruit pour autant. Symétriquement, l'homme du monde, dont Lord Henry est comme le stéréotype, joue petit-jeu et ne veut n'avoir affaire qu'à des visages à peine jolis et des corps relativement appétissants, qui forment le tout-venant dont peut se repaître son insatiable demande. Avant que Dorian Gray fasse irruption dans sa vie, cet épuisement instantané de l'éclat du beau fait la dimension souterrainement tragique du personnage de Lord Henry : il a le pouvoir, le charme, et la culture – le « capital social » – qui lui permettent de mettre la main sur tout, à ceci près qu'il souille tout ce qu'il approche de par cette « mauvaise influence » que lui reproche Basil Hallward et dont la signification est transparente pour tout lecteur attentif[1]. Mais cette tragédie qui est celle des hommes de sa caste, quelle qu'en soit l'orientation sexuelle, est elle aussi sans dénouement aucun, sans remède ni rédemption. Lord Henry est l'axe invariant auprès duquel tout, dans le roman, se meut, change, évolue et explose, mais lui se survit, immobile. Quoi qu'il arrive, rien ne saurait vraiment le toucher, si ce n'est l'impossibilité même d'en être touché. Qui plus est, il ne perçoit rien des mutations spirituelles et émotionnelles de Dorian Gray et le dénouement de l'intrigue se fera sans lui.

Une certaine configuration architectonique articule entre eux et autour de Dorian Gray, ces deux personnages essentiels que sont Basil Hallward et Lord Henry : le premier veut s'enivrer d'une beauté que par ailleurs il ne supporterait pas, n'était-ce la médiation apotropaïque de son grand art, et le second, s'il veut

1. « – Exercez-vous vraiment une si mauvaise influence que cela, Lord Henry ? Aussi mauvaise que le dit Basil ? » demande Dorian Gray à Lord Henry, qui lui répond qu'« une bonne influence …n'existe pas, (…) parce qu'influencer quelqu'un, c'est lui donner son âme. La personne ne pense pas par elle-même et ne s'enflamme pas de ses passions propres. Ses vertus ne sont pas les siennes et ses péchés, s'il existe quelque chose comme des péchés, sont d'emprunts. », *Portrait*, p. 61-62.

lui aussi s'enivrer, ne cesse pas de ramener métonymiquement la beauté, quelle qu'elle soit, à la seule occasion dérisoire de son amusement et de ses petits plaisirs. Aussi est-il particulièrement intéressant de voir combien ce personnage profondément désabusé peut s'émouvoir de cet excès de beauté que lui aussi ne peut éviter de voir en Dorian Gray, non sans méfiance. Pour Oscar Wilde, la rencontre qu'il fomente entre cette beauté qu'il intensifie jusqu'à la splendeur d'un absolu incarné et cet homme qui a tout et pour lequel « tout » n'est pas grand-chose, constitue une expérimentation aux limites, qui peut passer inaperçue aux yeux de la plupart des lecteurs. Cette rencontre, il faut l'appréhender comme un séisme pour Lord Henry; on en pourrait parler comme d'un *chemin de Damas* si celui-ci menait quelque part. Le premier symptôme en est à mes yeux cette insolite logorrhée qui le saisit à la vue de Dorian Gray qu'il étourdit avec une intensité comparable à celle du vertige qui l'a saisi; le second symptôme serait la rupture de ton, chez Lord Henry, qui passe du badinage très discrètement délétère à une voix déclamatoire et même prophétique. Celui-ci pense d'autant plus ce qu'il dit qu'en fait, à l'évidence, c'est bien Oscar Wilde lui-même qui nous parle à travers son personnage pour livrer un véritable *manifesto hédoniste*, d'une remarquable force argumentative et philosophique que je ne peux ici qu'évoquer rapidement[1]. Le temps d'un appel à toujours plus de vie, Lord Henry ...revit lui-même : cette beauté que seule l'écriture littéraire peut rendre en sa puissance dévastatrice semble alors être la condition de possibilité d'une telle libération : aux yeux de Lord Henry, elle a la force d'une vérité que tout le monde connaîtrait déjà, par-devers soi, mais que personne n'oserait dire à voix haute.

1. En ce qui en concerne la teneur philosophique, je me permets de renvoyer à mon étude sur le « manifesto hédoniste d'Oscar Wilde » que la *Revue des Beaux-Arts*, de la société Oscar Wilde a publiée en 2022 en deux parties n°20 et 22 (accessible sur le site Internet : http://societeoscarwilde.fr/rue-des-beaux-arts-numero-80).

De quoi s'agit-il ? De quoi Dorian Gray pourrait donc être le « symbole visible » d'un hédonisme aussi libérateur, si ce n'est en un langage plus clair, une sexualité qui serait libérée de tout tabou et surtout de toute la honte que lui vaut l'opinion que l'on s'en fait ordinairement, surtout dans les années 1890 en Angleterre ? Le contraste est immense à cette époque entre la réalité de la répression politique, religieuse et médicale frappant la sexualité sous toutes ses formes et l'idéalité d'une telle évocation littéraire ; un tel différentiel entre la réalité de l'une et l'idéalité de l'autre produit des déflagrations d'énergie fascinante qui nourrissent le genre fantastique, en lointain héritier des anciennes mythologies. Un monde aussi tragiquement bloqué dans ses états paniques est la réalité même de cette époque intensément puritaine et hypocrite : rien ne peut répondre à une telle réalité qu'une idéalité plus puissante que son désespoir fondamental. Il lui faut, pour produire de réels effets, une beauté irréelle qui s'atteste réellement et comme telle. Tel est Londres en 1890, tel est l'univers dans lequel évolue Lord Henry, dont la vie de jouisseur, qu'autorisent sa fortune et ses appuis sociaux, doit se contenter de puiser dans l'inépuisable vivier des prostitué(e)s en tout genre, qu'explique entre autres choses l'invraisemblable misère des classes laborieuses. Et de ce genre de beauté-là sourdent la détresse, la misère, l'abîme. Lord Henry peut bien maquiller sa longue habitude des bas-fonds et peut-être même se rendre insensible à cette ambiance sépulcrale de ce premier cercle de l'enfer que bientôt Dorian Gray parcourra en tous sens, il n'en reste pas moins obscurément attaché à cet Éden perdu que serait le désir sans la honte.

Aujourd'hui bien plus qu'en cette fin du dix-neuvième siècle, la beauté physique, tout genre confondu, fonctionne plus que jamais comme une norme ontologique. Être beau et jeune, c'est tout simplement *être*, et par conséquent être hautement visible. Dans le contexte du roman, la surévaluation de la beauté masculine constitue déjà cette anomalie qui signale qu'on pénètre dans un univers de la fiction fantastique, ce qui inclut ce demi-monde à peine évoqué de l'homosexualité clandestine. Il faut alors s'interroger sur le rapport possible, d'un point de vue phénoménologique, entre la beauté suscitée dans l'imagination par le travail de l'écriture – le roman lui-même – et cette beauté que l'on pourrait dire *objective*, au prix d'un paradoxe : une chose est en effet d'halluciner la beauté par la médiation d'une écriture poétique ou littéraire, une autre est de la *voir*, et la difficulté qu'il serait dommageable de nier, tient à ce que *c'est et ce n'est pas la même chose*, ce dont Oscar Wilde est particulièrement conscient. Le tour de force ici est de pouvoir mettre en scène et de rendre par les moyens de la *fiction* la rencontre *réelle* entre un homme qui croit avoir déjà tout vu et connu de la vie et un être d'une beauté si puissante qu'elle aussi est et n'est pas une réalité, est et n'est pas une image, est et n'est pas un portrait. Il faut en effet que Lord Henry soit comme jeté hors de lui-même et puissamment ébranlé dans ses évidences habituelles pour pouvoir produire, sur-le-champ, un manifesto hédoniste qui, par la passion émue et la sophistication intellectuelle qu'il y met, constitue *de facto* un démenti de tout ce qu'il est.

Du point de vue de l'écrivain, ce que n'est certainement pas Lord Henry, le paradoxe se complexifie à l'envi, parce que cet hypothétique phénomène d'une beauté qui serait absolue, hallucinée, fantasmée ou réellement rencontrée, marque la limite de l'écriture : quel que soit le talent, voire même le génie, de l'écrivain, il lui est impossible d'*écrire* la beauté et de la documenter. Cette impossibilité même est ce qui l'enjoint d'écrire en vue de la beauté et de construire une chimère d'écriture qui puisse en activer la puissance de désirabilité et par là le désir du lecteur. Autrement dit, l'écrivain espère de son lecteur qu'il verra, par le prisme de son imaginaire toujours déjà naïf, un visage dont lui-même, en tant qu'écrivain, voit bien qu'il ne le voit pas. Il faut donc au créateur toujours plus d'art, encore et toujours, pour que la beauté s'accomplisse en sa plénitude en passant par un lecteur lui-même idéal et fantasmatique dont la capacité à fantasmer serait suffisamment ample pour toucher à l'idéal. D'où ce terme de *chimère* dont j'ai usé tant et plus pour décrire le statut scripturaire du personnage de Dorian Gray. Et en même temps, chacun sait, comme une sorte d'*a priori* à toute expérience amoureuse, que l'absolue beauté existe qui peut surgir et paraître d'un moment à l'autre au sein d'un monde où tout est relatif, sinon médiocre. D'où ce cruel paradoxe : la beauté existe par elle-même et pourtant il nous faut l'art, porté à l'extrême de sa propre puissance, pour que nous puissions l'appréhender. Une première condition que l'on peut y pressentir est peut-être dérisoire : confrontés à un tel surgissement, nous n'aurions pas le temps d'en voir quoi que ce soit, nous autres mortels. Nous en aurions vu un tout petit peu, à la volée, dans le plus grand désordre, parce qu'un corps vivant bouge tout le temps et que nous ne pouvons pas dévisager autrui avec toute l'intensité que commande l'obsession sans aussitôt se montrer bestialement obscène dans nos désirs scopiques. D'où le succès foudroyant, dès les années 1840, de la photographie[1] et, par suite, de la pornographie en notre temps. Il est dû, de par un pacte faustien et maléfique, à cette possibilité, toute technique et non-humaine qu'elle puisse être, de dévisager autrui sans être vu en retour. Toute photographie est avant tout *idole* : une matière dont le regard ne voit rien ni personne, une matière qui ne mute pas, puisqu'elle ne vit pas, n'étant ni vive, ni morte. Sauf bien sûr le fameux portrait…

1. *Picture* signifie aussi bien tableau peint que photographie. C'est ainsi que Lady Wotton peut déclarer à Dorian Gray qui se présente à elle : « Je vous connais très bien par vos photographies. Je crois bien que mon mari en a dix-sept. », *Portrait*, p. 93.

Face à ce que nous croyons être de la beauté, en pressentant, comme l'écrivait Rilke, qu'elle pourrait nous détruire, la première chose dont nous soyons véritablement conscients serait notre incapacité d'en soutenir l'éclat et la seconde, notre impotence à la chanter : là aussi tout s'inverse dialectiquement, puisque nous partons volontiers de l'expérience directe de cette impuissance-là, non seulement à voir mais aussi à dire le beau, pour conclure qu'il y a du beau, à hauteur d'idéalité absolue. Tout ce qui est facile ou confortable à considérer, contempler ou admirer, est sans conséquence et je décris par là ce qui peuple et meuble le monde d'un Lord Henry. Il en va de la beauté comme de l'infinie douleur dont le tragique déploie la liturgie : nous n'en avons, ni de l'une, ni de l'autre, les moyens et nous en sommes d'autant plus accablés. Dans les deux cas, il nous faut cette activité cicatricielle qu'est l'art, sur son bord proprement magique, puisqu'il fait voir le soleil sans que nous en soyons aveuglés en retour. Il nous faut de l'art, soit ce dont on pourrait se repaître comme d'un alcool fort, de par cette *transference of emotion* qui est au cœur de l'esthétique théâtrale d'Oscar Wilde et dont nous parlerons bientôt. Toutefois, la poétique wildienne est tout autre. Écrire, pour Wilde, ce n'est certes pas se protéger, bien au contraire. C'est se faire *Icare* s'envolant au plus près du soleil que lui désigne son désir et dont celui-ci fait d'ailleurs partie. Le *Portrait de Dorian Gray* est l'histoire du pouvoir destructeur de la beauté incarnée, alors qu'elle est prise au piège de l'image, peinte ou photographique.

Wilde en ce sens est un romantique, avec ceci de particulier qu'il crée et que la très grande force de sa pensée lui permet le luxe d'être toujours effroyablement lucide. Pour lui, la seule beauté qui vaille est ou bien sublime et par conséquent destructrice, ou bien agréable, consommable et bientôt méprisable et même dérisoire, ce pour quoi la poétisation esthète, comme celle que l'on pressent chez Lord Henry, ne peut lui être d'aucun secours.

Wilde, s'il écrit, s'il imagine, désire aussi, dans l'acception la plus simple et la plus évidente du terme. Il désire et cela le fait écrire, tout comme écrire l'amène à désirer en toujours plus grand, pour ainsi dire. Plus grand, plus intense, plus puissant que ce que donnerait à voir l'humble réalité sensible. L'hédonisme que professe Lord Henry prend tout son sens, au-delà du détail de son argumentation très complexe que nous n'analyserons pas ici : la sublimation esthétique, qui fonctionne comme l'hystérie selon sa définition technique – rechercher l'impossible, justement parce que c'est impossible – est certainement l'affaire du créateur, mais, comme les propos de Basil Hallward le donnent à penser, elle se nourrit de cette impossibilité que par ailleurs elle travaille à dépasser, au prix d'une profonde frustration qui finit par être érigée en principe clandestin de toute démarche artistique, en tout cas chez ce personnage particulier. C'est peut-être là où Oscar Wilde cesse de s'identifier au personnage du peintre pour se glisser dans celui de l'homme du monde qui, tout d'un coup, prophétise un manifeste hédoniste dont le *motto* est justement l'anti-frustration :

> Vivez ! Vivez la vie merveilleuse qui est en vous ! Ne laissez rien passer. Soyez toujours avide de nouvelles sensations. N'ayez peur de rien… Un nouvel hédonisme – voilà ce dont a besoin notre siècle. Vous pourriez en être le symbole visible[1].

En faisant de l'expérience de la beauté dans une perspective sexuelle où le beau conduit téléologiquement à l'orgasme partagé, le tropisme directeur non pas d'une *poétique* mais d'une *philosophie* de la vie à vivre, on tend à la désesthétiser tout en la maintenant en son lieu d'origine, qui est la sensation, l'impression, l'émotion et par conséquent le désir en tant que tel. La conversion d'une telle expérience esthétique – à ce degré

1. *Portrait*, p. 67-68.

d'intensité où la beauté de Dorian Gray, telle que Lord Henry s'en trouve subjugué – en sa contrepartie sexuelle est la finalité de toute expérience esthétique justement, ne serait-ce que pour la raison essentielle qu'on y va de son propre corps. La libération demandée du corps est celle de tous les corps : aimez l'amour et aimez-moi, dit en substance Lord Henry dans un moment d'exaltation érotique extraordinaire qui se prendrait lui-même pour argument. D'où la subtilité considérable dudit manifeste hédoniste qui fonctionne, de manière transparente, comme le plaidoyer pour la réhabilitation de la sensualité et du sexe, moyennant, il faut bien le préciser car tout en dépend, la condition d'une beauté irrésistible et ignorante d'elle-même.

Est-ce aussi simple ? Suffirait-il donc de rendre possible, par la persuasion, un tel corps-à-corps érotique et dionysiaque pour que, par contrecoup, en disparaissent tous les obstacles sociaux ? La grande tirade par laquelle Lord Henry ouvre son éloge d'Éros, comme s'il se trouvait transporté au sein du *Banquet* platonicien, affirme que la nature, la nôtre personnellement et celle de tous, est nature de s'accomplir, ce qui annonce la remarquable tautologie que j'ai rappelée plus haut : « Vivez ! Vivez la vie merveilleuse qui est en vous ! ». La tautologie ou bien se vide, parce qu'elle ne peut que se répéter, ou bien se transforme en un schème de la négation de la négation, ce que l'on pourrait exprimer en termes plus clairs comme le refus de tout ce qui est refus.

> Accomplir parfaitement sa nature – c'est ce pour quoi chacun de nous est sur terre. De nos jours, les gens ont peur <*afraid*> d'eux-mêmes. Ils ont oublié le premier de tous les devoirs, celui que chacun a envers lui-même. Ils sont, bien entendu, charitables. Mais leur âme crie famine, elle est nue. Le courage a déserté notre espèce. Peut-être n'en avons-nous jamais vraiment eu. La crainte de la société, fondement de la morale, la crainte de Dieu, secret de la religion, voilà les deux choses qui nous

gouvernent <*The terror of society, which is the basis of morals, the terror of God, which is the secret of religion, – these are the two things that govern us*>[1].

La première phrase reprend le programme de l'idéal hellénique, qui est celui du « naturel accompli ». Il aurait fallu pour bien faire que le concept en soit dûment explicité, mais cela lui est à peu près impossible : tout d'abord la Beauté ne s'explique pas. Ensuite, dans cette nature en général qu'il faudrait accomplir, il est manifestement question du désir sexuel et, qui plus est, de son orientation particulière. À dire vrai, une expression comme « accomplir sa nature » est à la fois évidente et obscure : évidente parce que la nature s'accomplit, ce en quoi elle est vraiment nature – la fleur devient le fruit… – et obscure, parce qu'il s'agit de l'âme dont le parfum vaguement chrétien dit l'immortalité latente, qui doit là aussi s'actualiser en quelque manière. Le filigrane est de facture grecque : Oscar Wilde considère volontiers que l'individu à même d'accomplir sa nature la réalisera selon l'ancien impératif du beau et de l'excellence, *kalos kagathos*. Il s'ensuit que ce qui diffracte cet individu n'a pas son origine en lui mais bien plutôt dans tout ce qui l'entoure et le détermine socialement. L'âme est parasitée, abîmée, mutilée même par l'ombre jusque-là inaperçue et portée de cette *terreur* qui nous gouverne, et que le traducteur a cru bon de traduire par *crainte*… Oscar Wilde désigne aussi directement que la censure de l'époque peut le lui permettre, la haine sociale qui s'exprime dans l'homophobie : la terreur ressentie par l'individu est bel et bien l'effet d'une intériorisation forcenée et continue des contraintes sociales et religieuses qui le spolient de sa « nature » et l'empêchent de l'« accomplir ». Cette aliénation – c'est-à-dire selon l'étymologie, ce devenir-étranger-à-soi-même – semble sans remède, parce que l'homosexuel

1. *Portrait*, p. 61.

victorien est le premier à stigmatiser sa propre « nature » que toute la société et la religion interprètent comme criminelle, pécheresse ou maladivement dégénérée.

Par prudence certainement, Wilde procède ici avec une habileté rhétorique qui parfois vire à l'écran de fumée : cette « peur de soi-même » dont il parle procède de la culpabilité, de la honte ou encore de la hantise obsessionnelle et paranoïaque qui résultent de l'intériorisation du stigma de la haine sociale. Il en va de même pour la plupart des victimes de discriminations violentes : leur expérience, pour la plupart, est celle d'une certaine forme de folie peu ou prou ordinaire. Cette peur de soi-même s'intensifie de ce que l'on se sent contraint de n'en rien montrer. Mais que nous dit en substance Oscar Wilde ? Il nous dit que l'on souffre terriblement en renonçant à « accomplir sa nature » et en même temps que l'on y a toujours déjà renoncé à partir d'un assujettissement social qui définit l'être humain *contre lui-même*, pour ainsi dire. Il s'ensuit une inversion perverse où ce qui est fondamental chez un être – sa nature – lui paraîtra excentrique, pathologique, déviant, et pour tout dire « monstrueux ».

Une chose est de prendre appui sur les moyens et instruments du plaisir selon l'étymologie programmatique de l'hédonisme (ἡδονή, *hêdonê*), une autre, de se proposer le projet d'un désassujettissement politique et émotionnel qui ne s'accomplirait vraiment qu'en s'affranchissant du souvenir même de son ancienne aliénation sociale. Peut-être que l'un ne va pas sans l'autre et pourtant, dans le cas de l'homosexuel victorien, l'expédient le plus ordinaire est celui de pratiques clandestines et risquées, qui renforcent l'intériorisation du stigma. Seul quelqu'un de la stature d'un Oscar Wilde peut opter pour un jeu de funambule, aux limites de la provocation, qui lui aussi ne cesse de reconduire ledit stigma par le geste même qui ambitionnerait de l'abolir. Tel est ce paradoxe caractéristique de l'hédonisme : ses adeptes, dont la vocation est de n'avoir « peur de rien », s'obligent à croire qu'ils se sont libérés de tout en ne voulant obéir qu'à leur propre nature. Ce faisant, ils doivent présumer qu'une fois levés les empêchements que fomente une société paranoïaque, hypocrite et perverse, la sexualité redevient une pratique des plus naturelles du monde, sans énigme, sans effroi et sans honte. L'hédonisme ainsi conçu repose sur une telle hypothèse, qui ne se soutient pas sans mal. Il ne suffit pas de désirer pour en être aussitôt désiré en retour, de par une magie unique et réconciliatrice et il y a un pas entre la fascination dont la chasteté est dictée par les circonstances – comme celle, par exemple, de Basil Hallward pour Dorian Gray – et toutes les pratiques spécifiques de la sexualité homosexuelle. Ce désir, tout conscient qu'il soit, ne comporte pas *ipso facto* un savoir ou mieux encore un savoir-faire desdites pratiques. Une certaine initiation est requise, pour laquelle Lord Henry se propose, de toute évidence, à travers son langage à la fois évident et voilé.

Le concept même de l'hédonisme ne va pas si loin. Accomplir sa nature et vivre la vie, qui sont les maîtres-mots du programme de Lord Henry, cela pourrait se traduire pragmatiquement en une recommandation de vivre en pleine conscience chaque instant tel qu'il se présente. C'est ce que préconise l'hédonisme ancien – auquel on peut rattacher l'épicurisme authentique – qui assume frontalement le fait que toute vie humaine commence et finit, croît et décroît, frôle le divin et retourne au sort commun des vivants, qu'ils soient humains ou animaux, qui est de mourir. Le propos directeur du *Portrait de Dorian Gray* est une protestation contre la finitude humaine : la jeunesse passe, la vieillesse vient, la vie s'achève. Et quoi qu'il en coûte, il faut travailler à ne pas craindre la mort. Oscar Wilde n'en est pas encore là. Le pacte faustien, silencieux et maléfique, est un marché de dupes : la jeunesse éternisée dans son éclat premier est ce que le désir désire, mais de loin et, d'un certain point de vue qui est justement celui du désir purement scopique, il n'est point question d'intériorité, d'âme, ce qui veut dire aussi qu'il n'est pas question de réciprocité. Dorian Gray est absolument désirable et cette absoluité a pour, conséquence qu'elle fonctionne à sens unique : l'on ne sait rien de cette expérience qu'il pourrait vivre à partir de son propre désir et l'on ne sait rien *a priori* de ce qu'il pourrait chercher chez autrui[1].

Bien sûr, Lord Henry s'emploie à convertir Dorian Gray à une philosophie de la vie qui ne veut rien savoir au-delà de l'instant présent et qui, acceptant pleinement contre la pression sociale les sensations et la sensualité, l'ouvrirait automatiquement à toutes les influences possibles, dès lors qu'il faut en essayer la nouveauté. L'instant présent, contrairement à la conception hellénistique qui le situe sous l'horizon de l'inéluctable fin de toutes choses,

1. Salomé, dont la beauté surnaturelle est chantée au tout début de la tragédie, passant de voix en voix, est enfermée dans cette même situation. Son point de sortie est la fascination qu'elle éprouve, tout à fait candidement, pour la voix de Iokanaan. Elle l'entend « musicalement » et ne tient aucun compte de sa dimension informationnelle : elle ne fait pas de différence entre la justesse absolument convaincante du verbe prophétique et son incarnation tant sonore que physique. Elle aime ce qui lui manque en même temps qu'elle désire à travers cet homme étrange, la possibilité même de désirer, dont elle n'avait jusque-là aucunement fait l'expérience. Le rapport de Dorian Gray à Sibyl Vane, qu'on analysera dans le chapitre suivant, est miné par la différence qu'il fait, inévitablement, entre la personne (qui n'existe pas pour lui) et son génie d'actrice (dont la vérité, c'est-à-dire la justesse absolutisée, est ce qui la fait exister). Dorian Gray ne sait pas que cette vérité-là est justement ce qui lui manque : il ne sait pas qu'il lui manque de l'intériorité, ce qui va de soi quand on réalise qu'il a été construit comme une chimère d'écriture et qu'il en a, par conséquent, la psychologie, qui est vide, pour dire la chose simplement. Dans *Salomé*, Oscar Wilde confronte deux rapports au divin : la beauté sans extériorité, de l'ordre de la vue, de la vision et donc du visible, et la vérité, de l'ordre de la voix et donc du sonore, qui transcende le départage entre le visible et le sonore, entre la pure extériorité qui se cristallise en idole et en idolâtrie et l'intériorité qui vaut intériorisation d'une parole performative, absolument efficace et même cathartique, si l'on garde à l'esprit le fait que le prophète est au fond l'acteur absolu, celui qui s'abolit radicalement pour faire voie au passage du Verbe (*Cf.* notre ouvrage *Salomé et la tragédie du regard*).

est transformé par Lord Henry en un renouvellement constant, c'est-à-dire comme une agitation secrètement inquiète qui n'a rien à voir avec la perception de ce que contient d'éternité l'instant présent, pour peu qu'on s'y attache. Lord Henry prône au contraire une intensification de la vie dont le risque spirituel majeur est l'étourdissement constant, ce que Blaise Pascal dénonçait comme *divertissement* et qui n'est qu'une manière d'échapper à la pensée de la mort et à ce qu'elle pourrait avoir de salvateur, par exemple dans une perspective stoïcienne. Quoi qu'il fasse, il ne peut éluder la prise de conscience de ce que c'est la mort, et non plus la vie, qui régente en sous-main une telle éthique prétendument vitaliste. Chez Lord Henry, la hantise du déclin à venir a pour effet de rabattre tous les enjeux dans le seul instant présent, une hantise dont Dorian Gray ne sait rien et ne peut rien pressentir. Dans son extrême jeunesse, il se vit comme immortel, ce qui est une manière de dire qu'il ne se vit pas. Il *est*, tout simplement.

Passé le premier effet d'une liberté regagnée sur les terreurs sociale et divine, une certaine ambiguïté fait glisser d'une nature enfin accomplie selon son entéléchie à une nature excédée par l'effet délibéré d'une véritable *hubris*, c'est-à-dire d'une démesure insatiable. C'est Méphistophélès face à Faust, qui aurait reçu d'emblée la jeunesse d'un Dorian Gray ainsi que son immaturité candide. Il est certain qu'Oscar Wilde aura voulu avec Lord Henry positionner un personnage d'*enabler*, c'est-à-dire de tentateur dont la perversité démoniaque consiste à convertir l'attrait irrésistible que Dorian Gray peut exercer sur lui en une volonté elle aussi irrésistible d'en user sans frein, sans lucidité et par conséquent sans conscience éthique : par-delà bien et mal, pour ainsi dire. Il ne faut pas s'y tromper, Lord Henry joue Dionysos contre Apollon, une surexcitation soutenue et orientée vers l'excès pour l'excès, contre l'idéal de la mesure et de l'harmonie que traduisait la philosophie de vie exprimée par le *kalos kagathos*. Le culte rendu à Dionysos se caractérise par l'expérience d'un moment exceptionnel dans l'année, fait de tout un catalogue de transgressions et d'inversions sociales, d'ivresses et de transes, ce dont le carnaval médiéval est l'héritier lointain. Dans l'économie symbolique de l'Antiquité, ce genre de déferlements est comparable à une soupape de sécurité, qui laisserait échapper quelques jours par an un excédent incontrôlable d'énergie primale. Ce n'est pas du tout un état permanent ou désirable comme tel. Lord Henry suppose l'idéal apollinien pour sa beauté mais il généralise l'exceptionnalité dionysiaque pour en faire un mode de vie. Au-delà des belles phrases et des références à la culture grecque qui doivent paraître passablement ésotériques pour quelqu'un d'aussi jeune que Dorian Gray, il fait l'apologie du plaisir et plus particulièrement du plaisir sexuel. Depuis l'âge grec, pour ce que l'on peut en savoir sans le réinventer tout à fait à quelque vingt-cinq siècles de distance, les paradigmes ne sont plus les mêmes et l'idée même d'un moment dionysiaque et antipolitique au sein même d'une culture de la démocratie qui se débat encore dans les toutes premières expérimentations n'a rien conservé de son évidence passée, tant aujourd'hui qu'à l'époque d'Oscar Wilde. Reste aujourd'hui ce que j'appellerais volontiers une *phénoménologie du plaisir* : l'ivresse, le plaisir sexuel appréhendé en dehors de toute forme institutionnelle ou de cadre, l'inversion des valeurs, le délire comme moyen de communication avec le divin, tout cela n'a jamais cessé de faire sens pour nous, avec la tentation de généraliser à tout moment de l'année ce qui n'en était à l'origine qu'un moment exceptionnel et sacrificiel.

Avec son personnage de peintre, Oscar Wilde semblait tout d'abord tout miser du côté de l'Art, là où se trouvent le vrai et le beau, en contraste avec l'ordinaire terne et atone de la Vie, si l'on entend par là la réalité-vérité dont le journaliste fait son affaire. Avec celui de Lord Henry, il revient à ce qui est son masque social, à un numéro constant de prestidigitation où l'important est de faire passer une vérité dont on ne peut pas se passer, pour un mensonge dont l'on aurait bien pu s'abstenir. Mais on n'y résiste pas, comme s'il fallait constamment susciter des sourires dont certains sont même complices, pour dissiper l'inquiétude que l'on suscite à cause d'une infime dissonance dans les rapports sociaux. Le plaisir dont Lord Henry traite en hédoniste est une émotion dont tout doit être attendu de l'extérieur, mais celui qu'Oscar Wilde[1] a en tête, sans exclure cette première source, doit beaucoup à la fois à la jouissance spirituelle que l'on éprouve en créant et plus exactement en réussissant ce que l'on crée : un tel pouvoir créateur est également l'attribut de l'*éros* grec, en sus de son énergie sexuelle, qui va ainsi du plaisir charnel le plus ordinaire à l'extase mystique la plus éthérée. Je préfère réserver le terme de plaisir au premier, et celui de désir, au second, parce que le plaisir s'éteint dans sa satisfaction, tandis que le désir s'alimente de ce qu'il produit.

L'écrivain est celui qui ne peut cesser d'écrire et qui n'en a jamais fini. On reconnaît ici les traits de l'obsession tout comme ceux du désir. Dans un tel contexte « érotique », l'écriture produit une sorte d'auto-enchantement ou de jouissance enchanteresse qui contre efficacement la menace d'une angoisse écrasante, dont le *modus operandi* est également celui d'un enchantement, le merveilleux en moins. La réinvention de soi est un épiphénomène de cette stratégie qui oppose un type d'enchantement, où le sujet reste en position créatrice et motrice, à un autre, plus diffus et potentiellement létal, qui, surgi de nulle part, fait naître en soi l'idée informulable que je ne puis rendre que maladroitement en parlant d'une *faute d'exister*.

1. Ne soyons pas dupes, Oscar Wilde n'est pas plus Basil Hallward qu'il est Lord Henry : seule cette opposition entre deux attitudes symétriquement extrêmes pourrait lui ressembler, sous la forme d'une opposition en forme de tension irrésoluble.

chapitre 4
Sibyl Vane ou l'actrice absolue

J'aime le théâtre. C'est tellement plus vrai que la vie...[1]

Au chapitre IV du *Portrait de Dorian Gray*, un tout nouveau personnage fait son entrée, Sibyl Vane. C'est une actrice aussi géniale que Dorian est beau et une idylle prendra forme, qui tournera court, avec des conséquences catastrophiques et un effet d'accélérateur sur le déroulement de l'intrigue. Pour l'époque, le statut de l'actrice, dans un théâtre perdu du mauvais côté de Londres, est de prime abord lesté de connotations peu flatteuses. Toutefois, Sibyl Vane présente cette particularité insolite de n'incarner à la scène que les plus douloureuses héroïnes de Shakespeare, comme par exemple Juliette dans *Romeo et Juliette*, Desdémone dans *Othello*, Rosalinde de *Comme il vous plaira* ou encore Imogène dans *Cymbeline*. L'on retrouve ici ce théâtre élisabéthain que Wilde évoque dans maints écrits, depuis *The Portrait of Mr. W. H.* (1889) jusqu'à *The Truth of Masks* (1891), avec le retour insistant de la figure de l'acteur ou de l'actrice dont

1. À propos de ce trait d'esprit, le texte anglais ne parle pas, à vrai dire, de théâtre mais de ce qu'en français, on appellerait le jeu de l'acteur, c'est-à-dire d'une activité : « I love acting. It is so much more real than life. », *The Picture of Dorian Gray*, éd. cit., p. 133.

la jeunesse androgyne leur permet d'incarner ces personnages féminins, selon l'usage propre à l'époque de Shakespeare.

Pour mieux comprendre le rôle de ce personnage féminin dans l'économie du roman, il faut remonter du personnage à l'auteur. La fascination de Dorian Gray pour Sibyl Vane est en fait celle d'Oscar Wilde pour cette *école de la douleur* qu'est pour lui la scène tragique, surtout quand il s'agit de Shakespeare. Elle lui inspire des pensées étonnantes de profondeur. Il n'est donc pas question de n'importe quelle « actrice », synonyme à l'époque de prostituée occasionnelle, et il ne s'agit pas non plus de n'importe quelles émotions. J'y insiste et en parlant d'une école de la douleur, je vise celle des amours impossibles, dont le désir se mue aussitôt en manque, et le plaisir, en morsure aiguë. Moyennant la scène, les opposés coïncident : le désir est tout autant promesse de possession que frustration du manque, et la douleur indicible que rend le chant désespéré est par elle-même source de plaisir esthétique. Il y faut toujours la médiation de l'art, ce dont Wilde est parfaitement conscient, tout comme il fallait un tableau pour que Dorian se voie enfin. En tout cela, le manque constitue le tragique : il est cette négativité capable de faire apparaître le fantôme surréel d'un être qu'on aurait pu aimer, quand bien même celui-ci n'aurait jamais effectivement existé. Sibyl Vane n'est pas simplement une artiste : elle est la grande spécialiste de cette douleur particulière que l'on ressent lorsqu'on aime sans être aimé en retour, une passion triste dont le personnage du peintre est déjà la proie.

Avant d'entrer dans le détail, il n'est pas inutile de retracer, à larges traits, l'intrigue de ce roman dans le roman. Dorian Gray, explorant Londres, se hasarde dans un théâtre de dernier ordre où il découvre une actrice dont le jeu le stupéfie. Il revient la voir jouer tous les soirs et bien sûr, il en tombe éperdument amoureux. L'idylle progresse et cet amour aussitôt ébauché se révèle aussi intense qu'il paraît réciproque. Dorian Gray convainc ses deux amis, Basil Hallward et Lord Henry, de l'accompagner dans ce théâtre pour découvrir l'objet extraordinaire de son extraordinaire passion : contre toute attente, Sibyl Vane joue délibérément faux. Il s'ensuit une scène de rupture violente, à la suite de laquelle celle-ci se suicide. Insistons-y, cet épisode semble de prime abord bien factice[1], comme s'il ne servait qu'à déclencher chez Dorian Gray le processus fantastique de sa corruption morale. Cette première impression de « romanesque » qui pourrait saisir tout premier lecteur de l'œuvre se renforce de par l'invraisemblance d'un théâtre de bas étage au fin fond de l'*East End* qui proposerait exclusivement du Shakespeare[2] à raison d'une pièce différente tous les soirs, avec dans le rôle principal une actrice de seize ou dix-sept ans, inconnue mais géniale…

La relative invraisemblance de cet épisode n'en est pas le plus grand défaut. En effet, ce personnage de Sibyl Vane me paraît introduire au sein de la construction architecturée du roman un second point de fuite qui parasite ce qui devrait être son seul et unique *focus imaginarium*, à savoir Dorian Gray, bien sûr. Cette sous-intrigue semble une fenêtre qui ouvrirait sur de

1. Cette impression d'anecdote un peu sentimentale se renforce à la lecture du chapitre V, rédigé spécialement en vue de l'édition en livre (1891) : pour étoffer le récit avec des indications biographiques autour de l'actrice et de sa famille, Wilde décrit une atmosphère misérabiliste à la Zola ou à la Dickens, que l'on pourrait interpréter comme un pastiche du roman réaliste, avec ses figures imposées, la mère âpre et le frère belliqueux.

2. Cela étant, Lawrence W. Levine souligne fort à propos et de manière frappante que ladite « haute culture » n'était aucunement dissociée des formes plus populaires de divertissement urbain : au dix-neuvième siècle et au début du vingtième siècle, c'est-à-dire avant l'avènement du cinéma, les pièces de Shakespeare étaient représentées à peu près partout (son livre porte surtout sur les États-Unis), sous des formes certes variées et adaptées. Cf. *Culture d'en haut, culture d'en bas. L'émergence des hiérarchies culturelles aux États-Unis*, Paris, Éditions La Découverte, 2010.

tout autres problématiques que celles du *Portrait*, lesquelles sont, pour mémoire, les multiples rapports entre le modèle et sa copie, entre l'émotion et sa représentation, entre la fiction et la réalité, le naturel et le surnaturel, le bien et le mal, l'innocence et la perdition, etc. Avec Sibyl Vane, un tout autre roman s'ébauche, se noue et se dénoue en un laps de temps fort réduit, dont l'intrigue toute secondaire qu'elle soit n'en est pas moins complexe. Sibyl Vane est à la fois un personnage singulier et un ensemble de personnages emblématiques du théâtre de Shakespeare : il s'ensuit dans l'économie du roman un effet de théâtre dans le théâtre qui est analogue, moyennant d'éloquentes variations, au dédoublement de Dorian Gray entre lui-même et son portrait. Toutefois, il faut faire la part d'une différence significative entre les deux personnages, pour ne citer que celle-là : Dorian Gray a toujours été heureux, semble-t-il, tandis que Sibyl Vane n'a jamais été autre chose que malheureuse – de par sa grande pauvreté et, on peut l'imaginer, de par son imminent exil dans le milieu de la prostitution, dont les théâtres de dernier ordre n'étaient jamais très éloignés. Le premier peut se laisser vivre, sans effort particulier, tandis que la seconde n'existe vraiment qu'au moment où elle vit intensément ces rôles, exclusivement shakespeariens, qu'elle incarne sur scène : en fait, elle *est* Juliette, Desdémone, Ophélia, Rosalinde, etc., le temps d'une performance. Dans les deux cas, l'intrigue se déclenche au moment même où ils sortent de leur ontologie représentationnelle respective – portrait ou rôle. L'on pourrait aisément croire, sans y penser, qu'en sortant de ce statut d'image, l'on ne peut pénétrer que dans la réalité, mais la fiction wildienne est toujours plus complexe qu'il n'y paraît en première lecture : Sibyl veut moins vivre vraiment que d'aimer vraiment, c'est-à-dire donner de la réalité à ces amours intenses qui n'en sont pas moins des fictions théâtrales. Il en va de même pour le jeune homme, à qui Lord Henry a révélé qu'il ne suffit pas de vivre, ce qu'il fait déjà sans s'en apercevoir vraiment, mais qu'il lui faut explorer ses propres désirs afin de révéler son propre potentiel de sensualité et par là « accomplir sa nature ». Sibyl Vane accède déjà à cette intensité, même s'il manque à son schème de l'amour-passion un autrui de chair et d'os qui soit autre chose qu'un public anonyme dardant mille yeux sur elle. Symétriquement, Dorian Gray possède déjà tout, réalités comprises, hormis l'intensité. La conclusion semble aussi valide qu'irrésistible, la rencontre entre ces deux univers complémentaires s'impose comme une nécessité d'intrigue, puisque leurs besoins et leurs attentes se complètent. Toutefois, si l'actrice veut sortir de ses personnages pour enfin *être* elle-même l'héroïne centrale de son propre mythe amoureux, Dorian Gray ne peut ni comprendre, ni accepter cette sortie hors de la *fiction* enchanteresse, de loin préférable à tout ce qui, en comparaison, pourrait s'avérer *réel*.

J'ai déjà souligné la perturbation qu'induisait cette sous-intrigue dans l'économie générale du genre *fantastique* du roman. Ordinairement le lecteur passe outre ce qui peut lui paraître insolite, parce qu'il identifie sans peine le détour d'une *romance*, comme disent les Anglo-saxons pour désigner une « histoire d'amour », et qu'il l'accepte volontiers comme le passage obligé de toute fiction romanesque ou fantastique. Toutefois, toute cette histoire prend un relief fascinant dès que l'on tient compte de l'importance fondamentale pour Oscar Wilde du théâtre en général, de l'œuvre de Shakespeare en particulier, et surtout de ses schèmes tragiques dont l'efflorescence peut même se dégrader en sentimentalité, voire même en sensiblerie. Sous cet éclairage, on prend la mesure de ce que l'histoire de Sibyl Vane fonctionne à peu près comme un mythe platonicien dont le propre est de produire un sens particulièrement profond au départ d'une historiette apparemment anecdotique. Peut-être que cet épisode n'est pas la partie la mieux ficelée de tout le *Portrait de Dorian Gray* mais il est riche de sens.

Il nous faut commencer par la motivation prêtée par l'auteur à son personnage, et qui n'est pas sans ambiguïté : si Sibyl Vane joue excellemment les héroïnes broyées par un amour impossible, c'est parce que, semble-t-il, elle y met beaucoup de son propre mal-être, à ceci près qu'elle ne sait rien de ce à quoi elle aspire, n'ayant jamais vécu un amour réel et partagé. Les dieux exaucent celles et ceux qu'ils veulent perdre : la romance instantanément nouée avec Dorian Gray, « le Prince Charmant », lui fait l'effet d'une conversion radicale qui la fait passer du malheur professionnellement travaillé pour la scène à un bonheur spontanément éployé dans sa propre évidence. Il lui vient la décision, d'une étrange lucidité existentiale, de renoncer à la scène et surtout de spectaculariser un tel renoncement, de par un geste pour le moins indéchiffrable étant donné la caractérisation du personnage comme particulièrement sensible et intuitif : je m'emploierai à la fin de ce chapitre à analyser très précisément cette solution si étonnante que Wilde porte à l'équation matricielle de son personnage, pour en montrer l'architecture discursive, dont je ne me cache pas qu'elle puisse paraître étonnamment controuvée. Chez l'auteur du *Portrait de Dorian Gray*, la structure est première, et la psychologisation, seconde : toute une théorie du théâtre, fermement tressée et argumentée, est implicitement mise en œuvre à travers un personnage qui emblématise la vérité des émotions et qui pourtant peut paraître bien artificieux par moments.

Sibyl Vane est un mélange de cécité et de lucidité : elle ne voit pas que l'impossibilité dans l'amour – d'origine politique par exemple dans *Roméo et Juliette*, de par la haine éternelle que se vouent les Capulets et les Montaigus – a ceci de proprement tragique qu'elle ne peut pas se dénouer autrement que par une mise à mort émotionnelle, politique et le plus souvent physique, qui est cela même qu'elle interprète. Elle ne voit donc pas que la fascination qu'elle exerce tient à sa capacité de restituer sur scène ce genre de douleur dans sa force première et inhumaine. C'est la douleur dans son absoluité qui fascine, et non elle-même, exclusivement. Sibyl Vane voit dans sa rencontre avec Dorian Gray, et dans l'amour qu'il lui déclare, la possibilité d'une relation amoureuse qui la transformerait radicalement, une possibilité qui par conséquent mettra fin à ce régime de l'impossibilité encore et toujours théâtralisée. C'est son erreur tragique : elle ne suscite de l'amour qu'en donnant à voir l'amour impossible et elle confondra la fascination que Dorian Gray manifeste à son égard avec les marques d'un amour qui, tout l'indique, devait être réciproque. Dorian Gray peut bien s'inquiéter de n'être qu'une image ou un fétiche pour le peintre, cela ne va jamais jusqu'à l'énoncé d'une revendication proprement amoureuse[1], qui serait de consentir à aimer qui vous aime et de revendiquer d'en être aimé en retour, comme le souhaiterait Sibyl Vane. Dorian Gray est en retard d'une âme; Sibyl Vane en est riche à l'excès, de par cette capacité à incarner la douleur qui lui vient de son propre manque d'amour. Le premier aime Shakespeare et ses héroïnes brûlées vives, la seconde aime l'idée même de l'amour qu'elle a puisée chez l'auteur de *Roméo et Juliette* et dont elle n'imagine pas que son intensité même lui vienne de son impossibilité tragique.

Dorian Gray et de Sibyl Vane sont complémentaires par leur âge, leur beauté physique et surtout par la dualité représentationnelle – un portrait, un rôle. Ce parallélisme dans la construction des deux personnages permet de produire entre eux un contraste révélateur à la faveur de leur interaction : celle-

1. « Je compte moins pour toi que ton Hermès en ivoire ou ton Faune en argent. Eux, tu les aimeras toujours. Combien de temps tiendras-tu à moi ? Jusqu'à ma première ride probablement. Je sais désormais qu'en perdant la beauté nous perdons tout. Ton portrait me l'a appris. », *Portrait*, p. 71. Dans cette douloureuse protestation adressée au peintre, Dorian Gray exprime une insolite demande d'amour qui détonne au sein de sa caractérisation vouée tout entière aux enjeux du seul désir, qu'il soit prosaïquement sexuel ou sublimement idéalisé.

ci paraît incarner à loisir toutes ces héroïnes de Shakespeare que celui-là semble connaître et aimer tout autant qu'Oscar Wilde lui-même, tandis qu'il se réduit à un seul personnage, celui du « Prince Charmant », aux yeux de Sibyl Vane qui décide de l'appeler ainsi par antonomase. Précisons le trait : Dorian Gray est le spectateur ravi d'une incarnation, réalisée à la perfection, de certains personnages du théâtre de Shakespeare, et tout fervent qu'il puisse se montrer, sa posture demeure celle d'un spectateur tout entier absorbé par une performance qui coïncide avec son propre imaginaire théâtral. Cette situation diffère fondamentalement de celle de Sibyl Vane, qui, face au personnage du Prince Charmant, se voit et se vit comme la *Belle au Bois Dormant*[1], ce qu'elle est en quelque sorte. En effet, elle s'est transportée dans son monde imaginaire, existentiellement figée dans une dormition enchantée dont un Prince Charmant serait censé la réveiller pour vivre enfin sa propre vie. (Cette initiation rappelle quelque peu celle que Lord Henry entreprend à l'endroit de Dorian Gray). À cet égard, il est frappant que malgré sa grande culture shakespearienne, elle ne le voie qu'au prisme de ce pauvre stéréotype que lui inspire sa sentimentalité frustre et qu'elle puise dans le répertoire des contes pour enfants la figure unique et focale de son propre désir.

Chose étonnante, l'aspect physique de Sibyl Vane est longuement décrit – par Dorian Gray à l'intention de Lord Henry – alors que l'on devait se contenter de très peu pour se représenter dans l'imagination le modèle et son portrait :

> Harry, figure-toi une fille d'à peine dix-sept ans avec un petit visage semblable à une fleur, une petite tête grecque aux cheveux

1. Ce récit fait partie des *Contes de ma mère l'oye* de Charles Perrault. Le titre complet en anglais est *The Sleeping Beauty in the Woods* qu'Oscar Wilde a dû découvrir dans des éditions populaires, dans son enfance, ou à l'occasion dans les poèmes que Lord Alfred Tennyson (1809-1892) avait fait paraître en 1830 sous le titre de *Sleeping Beauty*.

brun foncé tressés en nattes, des yeux qui étaient des puits de passion violets <*eyes that were violet wells of passion*>, des lèvres comme des pétales de rose : l'être le plus beau que j'aie vu de ma vie. Tu m'as dit un jour que le sentiment te laissait froid <*pathos left you unmoved*> mais que la beauté, à elle seule <*beauty, mere beauty*>, te faisait monter des larmes aux yeux. Je te le dis, Harry, j'avais du mal à la voir tellement j'avais les yeux voilés de larmes[1].

C'est « l'être le plus beau que j'aie vu de ma vie », déclare Dorian Gray qui lui-même a produit un effet similaire au tout début du roman. Le voilà qui poursuit curieusement avec ce commentaire, à l'adresse de Lord Henry, qui oppose la beauté au *pathos*, en une alternative inédite et étonnante, dont on ne peut décider si elle se construit sur une opposition. Le *pathos* est un terme technique de la rhétorique aristotélicienne qui convient bien au registre théâtral : il renvoie à la dimension émotionnelle de la parole qui en augmente le pouvoir de persuasion. Bien sûr, le *pathos* peut dégénérer en sentimentalité. Cela étant, Dorian Gray assigne à la beauté, dans le registre de ce qui est visible, ce même pouvoir particulier qui est de porter aux larmes : il s'identifie ainsi à Lord Henry, comme s'il lui disait « moi aussi… la beauté me fait pleurer ». Cette idée d'une beauté dont l'excès même ferait pleurer me paraît essentielle dans l'économie générale du roman, une idée dramatisée par le redoublement, omis par la traduction : *beauty, mere beauty* : la beauté, juste la beauté… Dorian Gray, à l'exemple de son mentor, se dit touché par la seule beauté, et pourtant c'est la seule chose qui ne changera pas quand Sibyl aura rompu le charme de son propre jeu théâtral.

Dorian Gray est bien sûr totalement déterminé par l'influence que Lord Henry porte sur lui et ne réalise pas bien la portée de ce qu'il énonce spontanément. La description poétique qu'il donne

1. *Portrait*, p. 99.

de la beauté physique de Sibyl Vane module insensiblement vers un tout autre registre, celui de la voix, avec son timbre particulier et sa musique. Il est loisible de parler de beauté au sujet d'une voix, d'un visage ou d'un texte mais la phénoménologie en est différente : la voix est tout uniment charnelle et spirituelle, parce que la parole y est musicale, avec ces mots qui peuvent bien véhiculer de l'information mais qui sont tout d'abord et plus fondamentalement vecteurs d'une émotion. La voix est capable en un continuum parfait de passer du cri le plus sauvage et inarticulé à la diction parfaitement maîtrisée qui énonce une parole de vérité où se manifeste le *Logos* véritable. Le cri est celui, d'une démente sauvagerie, de Salomé, le verbe, celui de Iokanaan, ce fou ensauvagé par le divin qui a pris possession de son âme et lui a substitué une μανία (*manía*) sans issue ni dénouement[1]. La voix est ainsi capable d'exprimer la chair qui ploie et cède sous le poids d'une infinie douleur et l'âme qui s'envole : le plus laid et le plus beau. Ce qui fascine au plus profond l'écrivain Oscar Wilde est ce nouage, qui paraît *prima facie* improbable, de la beauté la plus terrible (Rilke) avec la terreur la plus irrémissible. Dans le *Portrait de Dorian Gray*, tout dépend, dans l'intrigue, de la possibilité de dédoubler la beauté du modèle pour en donner la transposition dans son portrait, *sans aucune perte d'intensité* et la révolution photographique rend l'argument particulièrement obscur sinon inévident, en tout cas aujourd'hui ; en revanche,

1. C'est dans ce chef-d'œuvre absolu qu'est *Salomé* (qui date également de 1891) que Wilde fait mûrir et converger les lignes de force de sa réflexion sur, respectivement, l'idéalité se manifestant dans la beauté plastique, foncièrement païenne et grecque et sur la grandeur dans la douleur, qui, portée à l'incandescence dans l'absolu, définit le tragique. Salomé est absolument belle, et Iokanaan, le porteur d'un Absolu dont il s'est fait la Voix. Elle est absolument éprise de lui, parce qu'il est ce qui lui manque, et elle lui est absolument indifférente, parce que tout ce qui lui manque fait encore et toujours partie de l'Absolu qui se fait entendre à travers lui. *Cf.* notre ouvrage, *Salomé et la tragédie du regard.*

l'on reconnaîtra d'emblée comme une évidence indisputable que la douleur tragique, dans sa phase aiguë, n'est recevable qu'à travers le prisme le plus génial et cette thèse-là ne convainc pas à partir des certitudes que l'on aurait puisées en fréquentant les œuvres de Sophocle, de Shakespeare, d'Hugo ou encore de Wagner ou de Verdi, mais, plus prosaïquement, parce que nous faisons tous l'expérience, dans notre propre chemin de vie, de douleurs paroxystiques pour lesquelles nous restons sans voix, sans mots, sans *Logos*. La capacité des humains à souffrir est infinie, celle d'en produire un *dire* qui lui soit approprié, dérisoire. Wilde l'aura compris, certainement, d'après ce qu'il vit et pressent de sa propre condition, mais il lui faut opter pour l'espérance et gager que l'art est ce medium humain par lequel le divin advient aux hommes, sous cet abord aimable qui leur promet qu'une telle épiphanie ne les détruira pas. Les procès de 1895 lui démontreront qu'on peut entrer en agonie sans la devoir à quelque dieu, païen ou chrétien, et que la douleur, absurde pour qui la vit, est insignifiante pour qui la connaît comme un fait chez autrui, une simple et vague information.

La voix fascine Oscar Wilde qu'elle émeut au plus profond. La voix, celle des grandes actrices, des grandes chanteuses. Un certain prophétisme se joue là, non pas par la révélation de l'avenir ou du passé, ou encore l'écho d'une transcendance qui gronde comme un orage. La simple voix, travaillée, maîtrisée, luttant en elle-même contre l'émotion qu'elle se voue à transmettre et qui, ce faisant, menace de l'emporter… cette voix émeut parce qu'elle révèle ce « plus profond » en soi, dont on ignorait tout, ou dont on voulait tout ignorer. Cette fascination pour la voix, c'est Dorian Gray qui la dit, mais c'est Wilde qui la ressent :

> Et sa voix – je n'ai jamais entendu une voix pareille. Au début, elle était très grave, avec des notes moelleuses et profondes que l'on avait l'impression d'entendre une à une. Puis elle s'est élevée

> légèrement <*a little louder*> et a ressemblé à la flûte ou à un hautbois lointain. Dans la scène du jardin, elle a été saisie de ces trémolos frémissants <*all the tremulous ecstasy*> que l'on entend juste avant l'aube quand les rossignols chantent. Puis ensuite, il y a eu des moments où sa voix avait la passion déchaînée de violons…<*the wild passion of violets*>[1].

Dorian Gray, ingénument, réagit à la voix en musicien. Peut-être l'ignore-t-il. Cette actrice est elle aussi une musicienne. Et cela lui est évident. L'envoûtement, avec une nuance grecque de *mania*, est moins le fait de la beauté que celui de la voix et là encore il ressent le besoin d'inclure Lord Henry. Si l'expérience de la beauté visible le porte aux larmes, comme de par un mimétisme vis-à-vis de son mentor, la configuration varie topologiquement : la mélodicité persuasive de la voix est ce que Lord Henry et Sibyl Vane ont en commun, comme Dorian le fait étrangement remarquer :

> Tu sais combien on peut être touché par une voix <*how a voice can stir one*>. La tienne et celle de Sibyl Vane sont deux choses que je n'oublierai jamais. Lorsque je ferme les yeux, je les entends et chacune me parle à sa manière <*each of them says something different*>. Je ne sais pas laquelle suivre…[2].

Oscar Wilde use ici d'un verbe, *to stir*, bien plus fort que *toucher. To stir*, c'est remuer, agiter, attiser. Avec un verbe aussi imagé, un rapprochement s'impose à l'esprit d'avec les passages du roman qui évoquent l'influence que Lord Henry exerce sur Dorian Gray, au grand dam de Basil Hallward. Il en résulte deux formes d'expérience esthétique nettement différenciées, selon la plastique et la musique, deux formes de persuasion, l'un par la rhétorique pure et simple qui prône la sensualité et sa simplicité (Lord Henry) et l'autre, plus chtonienne, de la voix originaire,

1. *Portrait*, p. 99.
2. *Ibid.*

celle du théâtre tragique, propre tant à la séduction qu'au thrène qui pleure l'amour impossible. Quoi qu'il en soit, Dorian reste soumis à l'influence de Lord Henry à la manière de l'acteur qui doit se laisser pleinement posséder par le texte qu'il doit interpréter à la scène. Une configuration en chiasme émerge, qui fait de Dorian Gray une marionnette existentielle que manipule invisiblement Lord Henry, dans un analogue de la dominance sexuelle, et Sibyl Vane, une actrice qui refuse les « passions d'emprunts » (*loc. cit.*) dès qu'elle découvre ce qu'elle croit être le véritable amour, lequel advient hors-scène. On imaginera que le vertige aura dû être considérable pour Dorian Gray lorsqu'il découvre en même temps la réciprocité dans l'amour – plutôt que la désirabilité à sens unique – et la liberté d'aimer activement, à partir de lui-même, au lieu de se positionner constamment (et peut-être inconsciemment) par rapport à la fascination qu'il inspire et qui peut-être le fascine en retour, par ricochet. En effet, à l'origine, il est tout aussi inconscient de sa beauté qu'elle l'est de son génie d'actrice[1], mais lui est littéral et elle, métaphorique. Il est *ce* corps et *ce* visage uniques, et elle est ce soir *Juliette* et demain, *Imogène*, comme si elle pouvait changer d'âme à volonté.

le théâtre, une passion wildienne

> Du point de vue formel, l'art du musicien est l'archétype de tous les arts. Du point de vue de l'émotion, cet archétype réside dans le métier d'acteur[2].

La beauté physique, avec son potentiel sexuel, est-elle vraiment le foyer unique où convergeraient toutes les lignes de force et de fuite du *Portrait de Dorian Gray*, parce qu'il serait celui de son

1. <Dorian Gray> : « Oh, elle était timide et si gentille. Elle avait quelque chose d'enfantin. Elle a écarquillé les yeux avec un délicieux étonnement lorsque je lui ai dit ce que je pensais de son jeu. Elle ne paraissait pas se douter du pouvoir qui est le sien. », *Portrait*, p. 102.

2. *Portrait*, Préface, p. 42.

obsession et, en même temps, la seule manifestation possible de son éros à la fois sexuel et créateur ? – je n'en suis pas totalement convaincu, dans la mesure où Oscar Wilde a beaucoup réfléchi sur la théâtralité classique et sur celle de la comédie sociale qui forme l'ordinaire de la bonne société. À cet égard, le personnage de Lord Henry annonce déjà les comédies de société qu'il s'apprête à écrire et qui lui vaudront un immense succès, juste avant sa chute.

Pour comprendre le personnage de Sibyl Vane dans ses nécessités structurelles dans l'économie du roman, il m'apparaît indispensable d'examiner, autant que faire se peut dans le cadre de cet ouvrage, la singularité phénoménologique de l'expérience théâtrale : je la dis singulière parce que celle-ci est décisivement différente selon que l'on se place du point de vue de l'acteur, de l'auteur ou encore du spectateur. Le fait est, aujourd'hui, que nous sommes influencés par l'audiovisuel d'une manière tellement massive que nous en sommes devenus inconscients et nous avons tendance à naturaliser le jeu théâtral jusqu'à le confondre avec un mode, forcément réaliste, de présence au monde. L'on a toutes les peines du monde à imaginer que la théâtralité, à l'époque d'Oscar Wilde, était nettement plus marquée qu'aujourd'hui, avec une emphase dans le jeu et dans la diction que nous ne supporterions plus. Le grand naturel, tant vanté, de Sibyl Vane, doit être mesuré à cette aune-là, pour ne pas retomber dans le paradigme du naturel le plus commun aujourd'hui qui est cinématographique plutôt que théâtral. Or les performances de Sibyl Vane sont foncièrement théâtrales dans le meilleur sens du terme justement parce qu'elles n'ont rien de « naturel », au sens d'une objectivité factuelle et photographique. En cette fin de siècle, alors que le cinéma doit encore être inventé – il le sera en 1895 –, le théâtre assume encore le front haut ses artifices caractéristiques – le vocabulaire, la prosodie et la scansion caractéristiques du théâtre de Shakespeare, l'artificialité assumée des décors, de l'éclairage, des déplacements et des costumes, pour ne citer que ces éléments parmi les plus saillants[1]. Nous avons quelque peine aujourd'hui à envisager ce qui jadis allait de soi, à savoir que la vérité du théâtre naît d'artifices parmi les plus appuyés qu'il lui faut par conséquent assumer pour ce qu'ils sont et, s'il se peut, transcender. Cette artificialité qui fait tant injure au sens commun a pour effet de surexciter cet autre regard, plus vrai celui-là, qui est celui de l'imagination et qu'il rend nécessairement visionnaire.

C'est dans ce contexte de l'imagination visionnaire qu'il faut replacer l'éclipse insolite du jeu d'acteur dont Sibyl Vane « performe » la démonstration pour réduire son jeu théâtral à son degré zéro. On s'en souvient, se persuadant qu'elle est aimée de Dorian Gray indépendamment de tout ce dont elle est capable à la scène, Sibyl Vane aura voulu théâtralement quitter le monde du théâtre pour revenir dans celui de la vie et de l'amour. Naturellement, le lecteur pourra sourciller : la caractérisation psychologique du personnage, avec sa candeur et son extrême jeunesse, rend à peu près invraisemblable une telle démarche. Le fait est qu'on ne pourrait pas jouer cela sur une scène, « en vrai », parce que c'est impossible et autoréférentiellement contradictoire. Toutefois, Oscar Wilde fait exception à la cohérence « réaliste » de sa fiction pour produire cette expérience-là et la donner à imaginer à son lecteur. Pour parler le langage philosophique, on pourrait considérer qu'il s'agit là d'une *Gedenkexperiment* à la fois sérieusement philosophique et fictionnellement fantastique, dont les enjeux n'intéressent que Wilde lui-même, dans sa réflexion sur le théâtre et la théâtralité avec le bénéfice connexe de mettre en place ce qui va décisivement déclencher le ressort de l'intrigue.

1. Cf. *La vérité des masques*. Ce texte fait fond sur Shakespeare, bien sûr, et souligne l'importance décisive des costumes dans le jeu scénique.

Je voudrais ici faire valoir en effet l'inouï et l'extraordinaire de cette expérience de dévitalisation radicalisée du jeu théâtral qui fait entendre cette chose impossible qui serait *l'écriture pour elle-même*, c'est-à-dire une structure abstraite de significations enchaînées qu'il est ordinairement impossible d'appréhender parce qu'elle est toujours déjà colorisée par l'énergie et la verve orales : Sibyl Vane donne à entendre le soubassement psychotique du dire proprement théâtral – un peu comme l'on peut ordinairement s'imaginer le phrasé propre à certains autistes – et cela est d'autant plus difficile à imaginer qu'aujourd'hui, ce dire théâtral est associé à une naturalité du quotidien telle que l'a acclimatée le cinéma-vérité d'hier et le reality-show d'aujourd'hui. Quoi qu'il en soit, l'on ne pourrait identifier aucun analogue de cette configuration dans le contexte de la beauté physique ou picturale. Dans la perspective de la voix, de la musique, de la parole poétique et, intégrant l'écriture, du roman et du théâtre, l'actrice géniale serait celle qui fera oublier la médiation de l'écriture ainsi que l'opacité de codes que nous trouverions aujourd'hui artificieux, quand bien même son jeu aura pour horizon négatif la simple restitution d'une mémorisation, quand bien même elle aura été parfaite d'un point de vue exclusivement technique. Et l'actrice anti-géniale, telle que Sibyl Vane le démontrera, sera celle qui rendra sensible l'insensible absolu qu'est l'artificialité scripturaire, c'est-à-dire en définitive l'écriture en elle-même.

Le parallélisme assez appuyé par lequel Wilde construit ses personnages permet de mieux en comprendre le fonctionnement en les contrastant. Le rayonnement que tous deux projettent sur leur entourage, porté à une intensité « fantastique », se paie en contrepartie d'une certaine vacuité ontologique[1]. Tous deux manquent d'âme, lui parce qu'il n'en a pas besoin, portant son âme

1. Je pense à cet échange savoureux entre Dorian Gray et Lord Henry : « Ce soir elle joue Imogène… …et demain ce sera Juliette. – Quand est-elle Sibyl Vane ? – Jamais. – Je te félicite. », *Portrait*, p. 103.

en sautoir à travers sa propre beauté, et elle, parce qu'elle se projette sans cesse dans des créatures d'écriture. Or ce rayonnement, s'il est fantastiquement intensifié, est naturel dans les deux cas : la beauté physique, quiconque a des yeux pour voir s'en sera rendu compte, s'impose magiquement et son effet, s'il s'agit vraiment de beauté et non simplement de sex-appeal, est en lui-même surnaturel et s'annonce comme tel. De même, l'incarnation d'un personnage au théâtre ne réussit que dans la mesure où elle est intensément vécue par le spectateur. La performance ressortit à une transe, mode de prédilection des lionnes de la scène qu'Oscar Wilde connaissait bien et fréquentait volontiers[1], une transe qui fait entrer le surnaturel dans le naturel, sous la forme d'une vision, au sens mystique du terme. C'est cette *incarnation*-là, avec son intensité miraculeuse, qui bouleverse Dorian Gray lorsqu'il assiste aux représentations où apparaît Sibyl Vane :

> Tous les soirs, je vais la voir jouer. Un soir elle est Rosalinde <*As you like it*> et le lendemain Imogène <*Cymbeline*>. Je l'ai vue dans l'obscurité d'une tombe italienne mourir du poison

1. Nul doute, à notre sens, que Sibyl Vane hante l'imaginaire de Wilde sous la forme d'un composite de plusieurs figures magnétiques : Mary Anderson pour qui fut écrite *la Duchesse de Padoue*, Lillie Langtry qui fut la première *Lady Windermere*, ou encore Sarah Bernhardt à laquelle Oscar Wilde pensa pour le rôle de *Salomé*. Le dénominateur commun de toutes ces lionnes de la scène est tout d'abord un jeu basé sur la transe électrisante et l'incarnation hallucinée : ces actrices deviennent leur personnage, comme c'était d'usage à l'époque, et l'actrice qui joue mal – le dernier rôle de Sibyl Vane – est celle qui *de facto* résiste à toute possession daïmonique. Et cela va plus loin, dans la mesure où les actrices, en général, sont dans le meilleur des cas la prêtresse de l'immortelle littérature (Shakespeare) et, dans le pire, un euphémisme pour la courtisane qui ne diffère de la fille perdue que par ses tarifs. La condition d'actrice constitue pour la femme victorienne une transgression et un cheminement tragiques : monter sur scène, c'est déjà sortir du rang car la femme sous Victoria se devait de conserver un silence et une attitude stoïques – *suffer and be still*. *Cf.* K. Powell, *A verdict of death : Oscar Wilde, actresses and Victorian women*, in *The Cambridge Companion to Oscar Wilde*, Cambridge University Press, 1997, p. 184 *sq*. *Cf.* E. Fitzsimons, *Wilde's Women : How Oscar Wilde Was Shaped by the Women He Knew*, New York, Harry N. Abrams, 2017.

> aspiré sur les lèvres de son amant <*Romeo and Juliet*>. Je l'ai vue errer dans les forêts d'Ardennes <Rosalinde dans *As you like it*> déguisée en joli garçon vêtu d'un pourpoint, de haut-de-chausses et d'un mignon petit chapeau. Elle est devenue folle et elle se présente devant un roi coupable à qui elle inspire le repentir et fait boire des herbes amères <Ophélia dans *Hamlet*>. C'était une innocente et les mains noires de la jalousie se sont refermées autour de son cou frêle comme un roseau <Desdémone dans *Othello*>. Je l'ai vue à tous les âges et dans tous les costumes[1].

On aurait tort de tenir cette grande envolée pour l'expression inutilement emphatique, chez Dorian Gray, d'un enthousiasme juvénile qui s'enivrerait de son propre lyrisme. Oscar Wilde prend lui-même très au sérieux le phénomène de cette émotion, d'une extraordinaire intensité. Peut-être, pour en donner un exemple parlant et surtout plus récent, il faudrait évoquer la figure légendaire de Maria Callas pour l'impact dévastateur et radical que produisaient ses incarnations incandescentes des grandes héroïnes verdiennes et pucciniennes, qui sont elles aussi des figures archétypales de la douleur la plus intense. Une première indication en ce sens pourrait être identifiée dans le roman, avec l'apparition furtive mais marquante d'Adelina Patti, la cantatrice la plus célèbre de cette époque[2]. Dans la mesure où il nous faut l'imaginer faute de mieux, l'impact esthétique de Sibyl Vane aura pu être celui d'une cantatrice de tout premier ordre, par-delà la différence de fond entre le langage du théâtre et celui de l'opéra.

1. *Portrait*, p. 99-100.

2. Le 20 février 1882, Oscar Wilde fit à Cincinnati la connaissance d'Adelina Patti (1843-1919), la soprano la plus illustre de son temps, douée d'une voix lyrique de première beauté et d'une technique parfaite. Le soir même, il fut invité par le directeur de l'Opéra à assister depuis sa loge à son récital. En 1877, Verdi déclara qu'elle était certainement la meilleure soprano de son temps. *La Patti*, comme on l'appelait, apparaît en silhouette dans *Le Portrait de Dorian Gray* : Lord Henry invite Dorian Gray à venir assister à son récital, alors que ce dernier est encore bouleversé par l'annonce qu'il lui a faite du suicide de Sibyl Vane.

Avec ces remarques, j'ai trop anticipé sur la problématique d'une *poétique de la douleur* que je traiterai dans le chapitre suivant. Auparavant, il me faut analyser dans le détail la sortie de scène qu'opère Sibyl Vane au propre et au figuré. En effet, c'est bien sûr sur scène qu'elle réduit à rien sa faculté à incarner intensément un personnage, et qu'elle va, à vue, donner le spectacle de sa désincarnation. Le paradoxe est particulièrement tendu, même si l'on comprend que c'est bien sous cette condition que l'actrice peut recouvrer son espace psychique et, pour ainsi dire, redevenir elle-même.

réussir sa sortie

Le personnage principal du *Portrait de Dorian Gray* est entièrement déterminé par le caractère fantastique et par conséquent antinaturel du pacte faustien. Rien de tel dans l'histoire de Sibyl Vane, ou plutôt rien de tel qui ne procéderait pas d'emblée et tout naturellement de la magie propre au théâtre. Tandis que pour celui-ci, le medium pictural ou photographique est à ce point réaliste et naturaliste qu'il faut bien une fiction voyante pour qu'une intrigue prenne son sens et s'achemine vers un dénouement dont le paradoxe premier permettrait l'autodestruction conclusive et tragique, le medium théâtral, pour celle-là, est mieux logé : tout y est d'emblée ordinairement fantastique et le rapport du spectateur au spectacle joue sur un tout-ou-rien. Ou bien il est fasciné et le spectacle est réussi, ou bien tout s'effondre. Avec sa dynamique hétérogène et perturbatrice, l'épisode de Sibyl Vane perturbe la conduite du récit fantastique, par un effet déclencheur qui a valeur d'explosion, un peu comme ce que produirait la rencontre de la matière avec l'antimatière. N'était-ce Dorian Gray, Sibyl Vane n'aurait jamais pu abandonner cette réitération ressassante de sa propre souffrance qu'elle ne pouvait dire qu'à travers l'altérité radicale du verbe shakespearien et des configurations tragiques de ses héroïnes malheureuses : celles-ci finissent toutes mal, mais à tout le moins elles finissent. De même, n'était-ce Sibyl Vane, Dorian Gray resterait égal à lui-même, à travers tout le roman, à l'instar de son propre portrait si celui-ci n'avait pas été maléfiquement enchanté. N'étant ni l'auteur de sa beauté physique, ni le démiurge qui l'aura transfigurée en un tableau, on ne peut imaginer qu'il puisse déclencher par un acte vraiment personnel le processus de dégénérescence qui en même temps révèle la vérité de ce qu'il est en train de devenir. Rencontrer une femme belle et fascinante pour en tomber amoureux ne suffirait pas à déclencher une telle catastrophe existentielle. Il en faut beaucoup plus : un malentendu tragique doit l'infléchir à mal agir à partir d'une nécessité fondamentale qui le fasse définitivement basculer dans une sorte de colère métaphysique, de par un truchement d'une puissance fantastique égale à celle qui a « enchanté » maléfiquement son propre portrait. Tout est là : c'est l'histoire d'un être-image qui s'imagine tomber amoureux d'un être réel dont il n'aime que la capacité à se faire image et à magnétiser à son tour l'imagination. En sortant, d'un pas, de ce monde d'images, c'est-à-dire de fantasmes, Sibyl Vane a mis fin – a tué – l'enchantement lui-même et c'est cela qui lui est insupportable. Elle ne joue plus, et il s'ensuit qu'il ne peut plus désormais croire au *jeu*, celui par lequel l'innocence, la beauté, le magnétisme dans la conduite artistique étaient d'autant plus vrais, de manière transcendante, qu'ils pouvaient être interprétés, de manière immanente, comme étant artificiels et même faux. Il n'y a pas de différence entre le vrai transcendant et le faux immanent pour Dorian Gray parce qu'il ne diffère pas métaphysiquement de son propre portrait, de par la fiction littéraire qui les fait exister l'un pour l'autre. Sibyl Vane lui révèle performativement qu'en effet, il n'est qu'une image vide, dépourvue d'intériorité, et c'est cette conscience de son vide intérieur qui va l'affoler jusqu'à vouloir le repeupler d'actes violents et destructeurs, ce qui est le seul mode par lequel du vide peut agir et détruire, un peu comme la haine sociale, qui surgit de nulle part, s'empare d'une foule et lui fait recracher une ou deux victimes, un ou deux cadavres...

Comment sortir de scène ? Telle est la question que Sibyl Vane se pose et dont elle donnera la réponse sur scène, au prix d'un incontestable paradoxe. En fait, nous le savons bien, ce n'est autre qu'Oscar Wilde lui-même qui procède à une telle démonstration, en gauchissant à la fois la psychologie de ses personnages et la vraisemblance de cet épisode. Je voudrais souligner ici la puissance et l'ampleur de son *ingenium*, en détaillant cette véritable prouesse philosophique qu'il laisse à son personnage de Sibyl Vane le soin de performer. Voyons tout d'abord comment l'épisode s'ente sur l'intrigue du roman : Dorian Gray a convaincu ses amis, Basil Hallward et Lord Henry, de l'accompagner au théâtre pour découvrir de leurs propres yeux l'extraordinaire performance théâtrale d'une actrice géniale dont il se dit amoureux. Contre toute attente, l'occasion sera celle d'une contre-performance auquel personne n'entend rien, à commencer par Dorian Gray, qui malgré les explications de Sibyl Vane, rompt avec fracas. Soyons honnêtes, cette intrigue subalterne pose un certain nombre de difficultés au niveau de la psychologie des personnages. Il y a de quoi s'étonner : pourquoi jouer sur scène son refus de jouer ? pourquoi performer, par une production neutre et une absence délibérée de toute incarnation, ce que l'on aurait pu expliquer plus simplement, avec la langue de tous les jours ? Bien sûr, je suis bien convaincu qu'Oscar Wilde œuvre ainsi à partir de très fortes raisons, qui sont celles que je m'emploie à déchiffrer.

La difficulté réside dans un effet de *tout ou rien* qui motive Sibyl à montrer non pas la vie, alors que c'est exactement cela qu'elle revendique, mais plutôt ce que désormais elle refuse : elle veut faire vivre à Dorian l'expérience d'un théâtre désormais vidé de toute vie, ce qui n'est pas tout à fait la même chose. Et cette distanciation radicale d'avec son texte, son jeu, son personnage, serait, *en réalité*, d'une difficulté extrême pour un acteur réel qui non seulement est mû par sa conception de son rôle, peu ou prou formulable en mots, mais aussi par un métier et des habitudes qui lui sont une « seconde nature ». À première vue, la psychologie que confère Wilde à son personnage baigne dans une sentimentalité qu'il veut touchante, pour produire une impression d'innocence radicale, par-delà bien et mal. Cette sentimentalité est en elle-même une forme de théâtralité spontanée et incontrôlée, ou, s'il faut en croire Lord Henry, d'*imitation* inconsciente[1]. Cela peut s'entendre doublement, d'une part comme un simulacre ou une caricature du réel et/ou, d'autre part, comme la représentation de quelque chose dont il n'y a aucune correspondance dans le réel. Lord Henry, dans son cynisme désabusé, qui ne va pas sans une légère teinture de désespoir et de nihilisme, pencherait pour la seconde interprétation et verrait dans l'amour, romanesque et sentimental, l'imitation de quelque chose dont l'original n'aura jamais existé. Entre la sentimentalité de midinette et le désir sexuel du vieux roué, une triangulation fait apparaître le terme médian à même de les réconcilier et même de les sauver : *l'amour*. Si on l'appréhende à partir de cette théâtralité sentimentale, l'amour dont il serait question ici ne peut être qu'une fiction obsessionnelle à laquelle on se sent appelé à croire pour s'éviter de désespérer. Basil Hallward ne fonctionne pas autrement. Contrairement à lui, Sibyl Vane, par son innocence,

1. « L'amour est une chose bien plus merveilleuse que l'art » dit Basil Hallward à Dorian Gray lorsqu'ils assistent, stupéfaits, à la contreperformance de Sibyl Vane. « Ce ne sont tous les deux que des formes d'imitation » objecte Lord Henry (*Portrait*, p. 138), qui très certainement, vise là une forme d'auto-enchantement, c'est-à-dire d'illusion de nature théâtrale (la *mimèsis* qu'il faudrait plutôt traduire par « présentification », de préférence à l'imitation). Pour lui, il n'y a rien de littéral, la réalité de l'amour étant le sexe, et la réalité du théâtre, l'illusion que l'amour existe, dès lors qu'il peut le montrer comme une évidence valant pour tous.

ne peut rien savoir de tout cela. De manière prudemment floue, l'impossibilité qu'elle ressent d'aimer et d'être aimée peut tenir à sa condition socio-économique – l'extrême pauvreté dont la conclusion est ordinairement la prostitution étant donné cette beauté exceptionnelle dont Wilde la pare – et en même temps à une mélancolie dûment psychologisée. Elle chante des douleurs qu'elle n'a jamais vécues mais dont elle pressent l'essentiel : autrement dit, ces douleurs dont elle souffre toujours déjà, elle ne peut les connaître qu'à travers ce qu'en dit et ce qu'en fait l'œuvre shakespearienne. Plus que tout autre, Sibyl Vane touche à cœur l'homosexuel psychologiquement tétanisé avec lequel Wilde se reconnaît une secrète affinité, quelle que soit la flamboyante véhémence de sa propre entreprise. Comme tout le monde, je crois bien, Sibyl Vane désire être aimée autant qu'elle désire aimer, et ce faisant, elle désire être reconnue dans son *existence*. Ce terme d'existence est faussement obvie, je le sais bien : il signifie que dans l'amour, autrui devient celui qui en sait le plus sur ce qu'elle est, pour autant justement qu'elle cesse de jouer un rôle et qu'elle cesse d'en faire le paravent derrière lequel elle peut dissimuler tout ce qu'elle ne sait pas d'elle-même et qui, pour cela, l'emplit de craintes.

Aimer et être aimée. Si vraiment l'amour bourgeois n'est qu'une imitation de quelque chose dont l'on serait bien incapable de produire le paradigme ou le maître-savoir, reste que sa douleur de n'être pas aimée remplit cette fonction : la douleur *est* ce sentiment ou cet état, à l'instar du désir, qui se prouve dans la littéralité par le seul fait qu'on l'éprouve. Il n'y a pas lieu de travailler à se convaincre que l'on souffre vraiment ou que l'on désire vraiment, parce que dans les deux cas, il y en a toujours trop dès qu'il y en a un peu. Les héroïnes malheureuses que Sibyl Vane incarne à la perfection décrivent autant de manières de souffrir et d'agoniser, tout ce dont elle connaît le dénominateur commun, parce qu'il est le sien : l'absence d'amour, d'affection, d'espoir. Le désespoir comme structure fondamentale de l'être, qui ne suppose même pas une expérience préalable de l'espoir : Sibyl Vane s'est réveillée dans un tombeau, par le baiser que va lui donner son prétendu « Prince Charmant ».

Peut-être qu'à revivre chaque soir, en les rejouant, les souffrances et l'agonie de *Juliette*, *Ophélia*, *Desdémone*, *Rosalinde*, etc., Sibyl Vane loin de s'identifier à chacune de ces figures si diverses, trouve quelque réconfort à simplement chanter sa souffrance dans la musique et la poésie d'autrui. Le soulagement ainsi gagné a peut-être quelque chose de *cathartique* : la souffrance sienne se transforme. Elle devient celle d'une autre – *Juliette*, *Ophélia*, etc. – au bénéfice d'un public qui joue là le rôle de l'autrui dans la relation amoureuse, mais un autrui sans visage ni individuation : lui sait bien ce qu'il cherche et ce qu'il trouve dans ce spectacle de la douleur. Chaque fois qu'elle est sur scène, elle incarne cette souffrance mobilisable et transférable qui l'assaille et la délaisse, avec un commencement et une fin, c'est-à-dire une intrigue. Cela est préférable au ressassement de la détresse personnelle dont on ne peut être que le très piètre poète et dont personne ne peut dire où elle va, si elle va quelque part. Si son jeu est vrai, c'est que sa souffrance est vraie, et tout le reste lui est donné de surcroît, mais sa souffrance n'est pas quelque chose qu'elle connaît et dont elle pourrait faire le récit : Sibyl Vane *est* cette souffrance dans la mesure où elle n'arrive pas à vivre sa propre vie et que ce qu'elle arrive à vivre sur scène est, pour citer à nouveau Wilde, la « vie de ceux qui n'arrivent pas à mourir, la mort de ceux qui, comme Cordélia ou la fille de Brabantio, ne peuvent jamais mourir… » (*vide infra*).

De par la sentimentalité qui est son option par défaut quand elle cesse d'être sur scène, Sibyl Vane ne pouvait que se méprendre sur Dorian Gray, qui lui porte ingénument un amour à double-fond, à double-sens. Il n'est que le *patient*, c'est-à-dire le spectateur de ce jeu d'amour extatique dont elle est l'*agent*, c'est-à-dire l'actrice. Ce qu'elle lui demande va de soi de par la différence des sexes et la préséance hiérarchique du masculin et du féminin qui prévaut à cette époque : or, selon les paradigmes de l'hétérosexualité dominante, il devrait se faire l'agent de l'amour vrai qu'il lui porte, et elle, la patiente. Pour l'en convaincre, elle fera le vide en elle, évidera sa présence d'actrice, inventant pour ce faire une contradiction performative, à savoir une non-actrice qui non-jouerait son texte : c'est le sens général de son invraisemblable dernière scène que je commenterai bientôt. L'enjeu est bien un dénouement – sortir de la souffrance, se mettre à vivre – qui rend inévitable l'abandon du théâtre, dès lors qu'elle réalise enfin qu'elle était jusqu'alors condamnée à revivre chaque soir la mélopée de l'espoir et du désespoir. Cette scène où elle croyait revivre chaque soir était pour elle l'équivalent de la pièce secrète du grenier où Dorian Gray enfermera bientôt son portrait et sa vérité. Celui-ci l'a éveillée à une telle prise de conscience, à ceci près que c'est bien dans un cercueil fermé qu'elle reprend conscience, un cercueil qu'elle avait si longtemps pris pour l'unique porte qui ouvrirait sur la vie à vivre. L'on ne peut s'expliquer autrement la sauvagerie fanatique avec laquelle elle détruit son art dont Dorian Gray, par cette promesse d'amour, lui avait fortuitement révélé la dimension d'exiguïté carcérale. Le malentendu est insurmontable, comme en témoigne la violence inouïe avec laquelle Dorian Gray rompt d'avec elle : elle avait été, sa courte vie durant, prisonnière d'un enchantement dont elle était elle-même la magicienne surdouée, un enchantement dont l'art consistait à se déréaliser en fantôme mû par le texte et par conséquent par l'âme d'un autre (Shakespeare). Sachant cela, il lui faut délaisser une fois pour toutes le *lamento* de l'agonie réitérée et il lui faut mourir enfin, d'un coup net, sans douleur, sans un cri, par déclic, comme on éteint la lumière en sortant.

jouer faux, vivre vraiment

La tragédie de Sibyl Vane repose sur la possibilité d'incarner *sur scène* des êtres d'écriture, des chimères plus vraies que l'ordinaire médiocre et terne de la comédie sociale qui se joue *dans la vie de tous les jours*. Et la scène excède la vie ordinaire par deux manières extrêmes : en effet, par cette intensité dont elle est capable et qui confère une surréalité bouleversante à des émotions dont nous, dans le public, ne connaissons que des pâles reflets, mais aussi par ce jeu mécanique de « poupée de bois » dont elle va produire la démonstration ultime et qui, inconnue dans la « vraie vie », ressortit à un fantastique de la même teneur que celle du portrait maléfique, parce qu'en effet, nous ne pourrons jamais faire l'expérience d'une telle facticité mécanique que ce soit au théâtre ou ailleurs. Cette sortie de scène, chez Sibyl Vane, n'échappe pas au tragique : elle a voulu sortir de scène *pour* Dorian Gray, et non *contre* lui, comme celui-ci a pu le croire. Elle a voulu cesser d'être une image du malheur pour entrer dans une vie de bonheur à vivre sans distance et sans texte. Avant d'analyser davantage ses motivations, il me faut examiner en profondeur à même le texte du *Portrait de Dorian Gray* la description phénoménologique que, de propos délibéré, Oscar Wilde produit pour rendre compte de ce phénomène extraordinaire qui n'est propre qu'au théâtre : l'acteur ou l'actrice qui jouerait *absolument* faux, ou, dans le cas de Sibyl Vane, le jeu faux qui serait délibérément érigé en système, sans dessein ni second degré.

Il n'y a pas, à proprement parler, de jeu faux dans la vie de tous les jours pour la simple raison que l'acteur qui joue faux est aussi celui qui fait entendre la facticité de l'écriture ainsi que son humanité, non pas de par quelque intention – l'on pourrait envisager ici quelque trouvaille d'un certain théâtre d'avant-garde contemporain, mais nous devons nous maintenir dans le cadre de pensée propre au théâtre des années 1890 – mais peut-être parce que ce dernier ne sait plus pourquoi il est acteur et pourquoi il joue cette pièce particulière : ordinairement, il se raccroche à une version purement instrumentale de l'*acting*, de par laquelle il débite son texte et fait entendre, à son insu et malgré lui, la malaisée machinerie d'une mémoire défaillante et l'inhumanité foncière de l'écriture. Lorsque dans la vie de tous les jours, dans ces moments d'intense théâtralité où l'on ment en rougissant, en balbutiant, en faisant les questions et les réponses, l'on sait à tout le moins pourquoi l'on ment, et ce type vivant de jeu faux vient de ce que l'on ne s'est qu'incomplètement convaincu et qu'on y a quelque scrupule à mentir de la sorte. On joue naturellement faux, car seuls les menteurs invétérés et virtuoses savent que tout est faux, dans la société, à commencer par ce que l'on croit être « naturel ».

La distinction au théâtre entre la scène et le public, si difficile à rendre parce que justement l'illusion magique consiste à la faire oublier, est, dans le jeu faux, définitivement démontrée : l'illusion n'opère plus et l'on n'en retombe pas pour autant dans le monde routinier et familier du quotidien. Le jeu faux suscite alors un espace vide qui donne à ressentir qu'il n'y a rien à ressentir, là où expressément l'on s'attendrait à être pris d'assaut par un excès d'intensité dans l'émotion, de cette émotion dont on voudrait faire le propre de l'humain. Aujourd'hui, le monde du travail, c'est-à-dire à peu près l'essentiel de notre quotidien, est peuplé d'acteurs qui jouent faux à leur insu, sans même se douter qu'en fait ils jouent : dans chaque profession, dans chaque *job*, sévit quelqu'un qui joue sans conviction le rôle qui est attendu de lui par contrat, avec un minimum de qualifications, quelqu'un qui, sans en avoir pris conscience, a perdu de vue toute vocation et toute maîtrise sur sa propre vie. Ordinairement, la vacuité de cet état second n'est même plus perçue tant elle est banale, et cela d'autant plus que ces mauvais acteurs en pilotage automatique n'ont affaire qu'au public de leurs semblables, logés à la même enseigne.

Tout autre est la position de Sibyl Vane. C'est très consciemment qu'elle aura choisi de mal jouer, comme pour faire la démonstration de ce qu'elle a saisi la dimension ontologique de sa situation d'actrice : tout d'abord elle n'avait pas vu, en effet, que la facticité est paradoxalement ce qui aura profondément plu à Dorian Gray. Bien jouer, c'est faire oublier que l'on joue et c'est offrir un espace, de par une *mimèsis* parfaitement réussie, à la *présence* d'une force hallucinatoire, soit à une forme *autre* d'humanité, plus idéale que réelle, et pour cette raison, plus réelle que réelle, c'est-à-dire plus réelle dans l'impact qu'elle produit sur le spectateur que réelle dans ce que celui-ci connaît de la réalité de sa propre vie. Si dans ce cas-là, être actrice, c'est s'effacer complètement pour qu'adviennent *Rosalinde*, *Desdémone*, *Ophélia* ou *Juliette*, la prise de conscience que lui apporte l'amour – ou son équivalent fantasmatique et illusoire – lui aura fait valoir que l'on ne peut pas être tout ensemble amoureuse réelle et personnage d'amoureuse. Il faut choisir, pour cela, trancher. La première aime mais est aimée en retour, et la seconde n'est là pour personne tandis que son fantôme dit les mots incantatoires auxquels réagit un public indéterminé dans une ferveur cependant sensible et palpable.

Le faux jeu érigé en système constitue, chez Wilde, une sorte de *Gedenkexperiment*, c'est-à-dire une construction extraordinaire et d'un intérêt philosophique certain, quand bien même elle serait en effet extraordinairement artificielle. Cette artificialité conceptuelle que je voudrais examiner maintenant se fond dans la démonstration de ce qu'*a contrario*, il n'y a qu'artifice dans cette contre-performance produite par Sibyl Vane alors qu'elle commet un véritable suicide artistique. Tel qu'on peut le voir sur scène de nos jours, la version la plus courante et ordinaire du jeu faux consiste en un mélange tumultueux et immaîtrisé d'une *technique* défaillante et d'une *nature* soudain recouvrée qui en fait tout de suite beaucoup trop, comme si la pression se relâchait tout d'un coup. La mémoire insuffisamment préparée, qui donne lieu à une myriade d'hésitations à peine perceptibles et de ralentissements indus dans le tempo, se traduit par une musique étrange qui ressortit au bruit : le spectateur, sans s'arrêter à tenter de diagnostiquer la dévitalisation à laquelle il assiste, s'ennuie aussitôt qu'il perçoit la défaillance dans la *technique*. Quant à la *nature*[1], elle paraît tout aussi factice dans la mesure où elle advient à la faveur d'une éclaircie où la mémoire toujours déjà empêchée laisse subsister quelques lignes intactes où tout d'un coup l'acteur ou l'actrice semble comprendre enfin ce qu'il dit et, soudain soulagé(e), psychologise à l'excès et surjoue.

La maîtrise sied à l'esprit de sérieux et elle est de mise dans le jeu tragique : par contraste, ce mixte de technique approximative et de moments de verve devrait pouvoir définir, en première analyse, le jeu comique dans la mesure où la transgression, la parodie, le pastiche, le décalé, etc., sont autant d'outils au service d'un mouvement continu de déconstruction et de reconstruction,

1. Je remploie ici les catégories de *technique* et de *nature* dont use Diderot pour trier le bon grain de l'ivraie parmi les comédiens, dans son *Paradoxe sur le comédien* (Denis Diderot, Denis Podalydès et Gabriel Dufay, Paris, Les Belles Lettres-Archimbaud, 2012). Les acteurs de *nature* se fient à ce qu'ils ressentent pour inspirer leur interprétation du personnage qu'ils sont appelés à jouer, et les acteurs de *métier* sont ceux dont la technique parfaitement maîtrisée leur permet de mobiliser l'inertie du personnage qui ne perd jamais son statut de masque d'autant plus efficace auprès du public qu'il est manifeste. La prédilection de Diderot, il faut le souligner, va aux seconds : le reproche qu'il adresse aux premiers est d'être peu fiables, à cause de la variabilité météorologique de leurs humeurs. De par la fiction du roman, Sibyl Vane peut être considérée comme une actrice de nature, à ceci près que son métier et sa technique sont impeccables et qu'elle est sans nature propre. Elle échappe à ce paradoxe en étant *à la fois* de nature et de métier, tout comme la beauté de Dorian Gray est celle tout autant de son corps que de son portrait, c'est-à-dire de nature et d'artifice. Cette *coincidentia oppositorum* permet à l'actrice absolue d'accomplir l'impossible : ne vouloir ressentir que les émotions, portées par le texte, que ressent son personnage, à l'exclusion de toute autre, et pour cela, se laisser totalement posséder par le texte, dans un abandon absolu, qu'expliquent implicitement les conditions de sa vie misérable dont Wilde laisse deviner l'arrière-fond glauque et désespérant.

qui oscille entre technique (en défaut) et nature (en excès), de par un mouvement qui est essentiel au genre de la farce. Mais il ne s'agit pas de cela ici et jamais Sibyl Vane n'est décrite comme ridicule. Oscar Wilde insiste longuement sur l'effet mécanique de son débit, « apathique », « artificiel », « faux » :

> ...Elle était curieusement apathique <*listless*> (...) ...les quelques paroles qu'elle avait à dire (...) et le court dialogue qui suit furent articulés par elle de manière complètement artificielle. La voix était exquise mais absolument mal placée <*from the point of view of tone it was absolutely false*>. Elle sonnait faux <*It was wrong in colour*>. Elle retirait toute vie au vers et rendait la passion irréelle[1].

Si l'on ne craignait pas de produire un texte bancal et mal sonnant, l'on pourrait traduire plus fidèlement : « la voix était exquise mais absolument fausse quant au ton. Sa couleur n'était pas celle qu'il fallait <*wrong*>. » Le paradoxe est que la voix reste musicalement « exquise », mais avec quelque chose d'insolite et d'indéfinissable et aujourd'hui, elle serait comparable à la voix électroniquement reconstituée des GPS : c'est la voix d'une sourde ou peut-être d'une autiste, une voix au demeurant fort belle quant au timbre et dont le tempo n'a plus rien à voir avec celui de ses comparses, lesquels, Wilde y insiste, jouent *naturellement* faux. L'irréalité résultante dans l'expression de la passion constitue le paradoxe central de cette performance : celle-ci a cessé d'être performative et, radicalement désenchantée et démusicalisée, elle se cantonne à débiter des informations. C'est ce que rend l'idée d'une « pénible précision » de la part de l'actrice :

> Le côté théâtral de son jeu <*staginess*> était insupportable et ne faisait qu'empirer. Ses gestes se firent d'une artificialité ridicule <*absurdly artificial*>. (...) <elle déclama> avec la pénible

1. *Portrait*, p. 136.

> précision <*painful precision*> d'une écolière qui a appris la diction auprès d'un professeur médiocre[1].

Tout le corps est affecté par la systématisation opérée par Sibyl Vane du jeu faux : là où l'illusion propre au théâtre consiste à le faire oublier, elle en souligne tous les marqueurs pour faire disparaître la réalité propre du phénomène théâtral – cet effet de présence hallucinatoire que j'ai déjà décrit – pour en faire sentir l'artificialité en tant qu'artificialité. En insistant de même sur l'énonciation que l'on devine égale et arythmique, Sibyl Vane désémantise le vers en le déclamant *recto tono*, comme on peut le deviner :

> ...elle en débita les paroles comme si elles ne signifiaient rien pour elle. Non qu'elle fût nerveuse : au contraire, elle se possédait admirablement. C'était simplement du mauvais art. C'était un échec total <*a complete failure*>[2].

À nouveau, Wilde en rajoute sur sa description, pour insister sur sa maîtrise « admirable » et sa sérénité ; ces paroles, redevenues de simples informations, sont livrées à la manière d'un enregistrement conçu pour l'apprentissage des langues étrangères, si l'on peut oser ici une comparaison quelque peu anachronique. Ce régime tout particulier de la langue devait être mis en scène par Oscar Wilde, alors même qu'il nous paraît étranger à la vraisemblance psychologique du personnage : Sibyl Vane aurait pu, je le répète, envisager de s'abandonner tout entière à son amour en vue d'un mariage riche d'enfants et de bonheurs domestiques et pour cela délaisser cet art qu'elle tient désormais pour rien. Elle aurait pu continuer, le bonheur en plus, à jouer les héroïnes, plus par métier que par nature, pour remployer ici la nomenclature de Diderot. La construction de

1. *Portrait*, p. 137.
2. *Ibid.*

l'épisode tout entier, qui met en scène Sibyl Vane se mettant en scène de manière autoréférentielle, décalque le développement d'une thèse davantage que le déroulement d'une intrigue purement dramaturgique : c'est ainsi que je veux m'expliquer l'artificialité manifeste de cette scène de rupture, une artificialité qui, par inadvertance probablement, introduit un régime de faux-jeu qu'Oscar Wilde lui-même n'avait peut-être pas envisagé, à savoir celui du roman à thèse. *Comprendre* : c'est ce que Sibyl Vane demande à Dorian Gray qui vient de la rejoindre dans sa loge après l'épouvantable représentation, et c'est exactement ce que Wilde demande à son lecteur :

> Lorsqu'il entra, elle le regarda, submergée par une expression de joie infinie.
> — Comme j'ai mal joué, ce soir, Dorian ! s'écria-t-elle.
> — Terriblement mal ! répondit-il en la dévisageant avec stupéfaction… […]
> — Dorian, vous auriez dû comprendre. Mais maintenant vous comprenez, n'est-ce pas ?
> — Comprendre quoi ? demanda-t-il, en colère.
> — Pourquoi j'ai été mauvaise ce soir. Pourquoi je le serai désormais toujours. Pourquoi je ne jouerai plus jamais[1].

Bien sûr Dorian Gray ne la comprend pas. Et Sibyl Vane de s'expliquer :

> — Dorian ! Dorian, s'écria-t-elle, avant de vous connaître, jouer était toute ma vie. Je ne vivais qu'au théâtre. Un soir, j'étais Rosalinde, un autre, Portia. Je faisais mienne la joie de Béatrice, mienne la peine de Cordélia. J'étais d'une crédulité absolue. Les gens quelconques qui jouaient avec moi m'apparaissaient comme des dieux. Les décors peints étaient mon univers. Je ne connaissais que des ombres que je croyais réelles. Vous êtes venu – oh, mon bel amour ! – et vous avez délivré mon âme de

1. *Portrait*, p. 139.

> sa prison. Vous m'avez enseigné ce qu'était vraiment la réalité. Ce soir, pour la première fois de ma vie, j'ai vu la superficialité, l'imposture, la bêtise du spectacle de pacotille dans lequel j'avais toujours joué...[1].

Cette dénonciation de la falsification inhérente à la théâtralité est évidente, bien qu'elle soulève deux questions : comment ou pourquoi Sibyl Vane a-t-elle pu se convaincre que Dorian Gray l'aura comprise et pourquoi, pour être comprise de lui, devait-elle en passer par une théâtralisation de sa dénonciation du théâtre ? Poser ces questions, c'est également en venir à l'essentiel, concernant le déclenchement de l'intrigue proprement fantastique du *Portrait de Dorian Gray*, à savoir le processus de dégénérescence spirituelle dont le portrait maléfique va immédiatement produire les premiers symptômes visibles. En effet, Dorian Gray n'a rien saisi, sur le moment, de ce qui se passait sur scène, pas plus qu'il ne l'aura compris dans l'après-coup ; de même, Sibyl Vane semble ne pas comprendre qu'il n'ait rien compris et le malentendu tragique atteint là son paroxysme. Mais qu'y avait-il donc à comprendre ? – Rien d'autre, de prime abord, qu'une disqualification, classique sinon traditionnelle, de ce théâtre dont les anciens philosophes et théologiens se sont toujours méfiés. Sibyl Vane est sans nuance : elle dénonce « la superficialité, l'imposture, la bêtise du spectacle de pacotille ». L'on pourrait même croire qu'elle dénonce sa propre manière de vivre par procuration, elle qui rêvait de cet amour que lui vouerait son « Prince Charmant » et qui croyait avec le fanatisme de l'adolescence qu'il ne pouvait en être autrement. Qu'il l'aimerait autant qu'elle l'aimerait, et vice-versa, dans un temps présent éternisé. D'où sa tragique bévue : elle veut croire en un amour qui finirait bien, c'est-à-dire qui ne finirait pas. Les amours de théâtre sont faits de très peu d'amour

1. *Portrait*, p. 140.

et de beaucoup de souffrances et le verbe shakespearien donne à ces catastrophes sacrificielles les flamboyantes couleurs d'un coucher de soleil, dont Sibyl Vane a voulu croire qu'elles lui venaient du seul sentiment amoureux. La conclusion est aussi sombre que la nuit qui fait suite à ces incandescences de fin du monde : il n'y a pas d'amour réel à hauteur des mythes que les poètes en auront forgés. Bien sûr, il faut admettre la possibilité résiduelle d'un amour plus fort, plus grand que ce dont ont rêvé les plus grands écrivains, tout comme il doit certainement exister des beautés dans ce monde qui peuvent causer de plus grands chocs esthétiques que les plus grands chefs-d'œuvre. Mais ces deux mondes ne se rencontrent pas et peut-être que la grande culture – la littérature, la poésie, le théâtre et dans un tout autre registre, peut-être même plus puissant, la musique – installe chez les esthètes une attente que rien, au monde, ne pourrait satisfaire.

Au théâtre, l'expression poétique fait naître le sentiment que Sibyl Vane s'approprie et vit comme son bien propre et par conséquent *l'expression du sentiment précède le sentiment exprimé.* Dans la vie quotidienne, le sentiment, surtout s'il y entre du désir, se cherche une expression qu'il ne trouve pas toujours et qui, *a fortiori*, n'est pas nécessairement poétique, puisqu'elle peut être aussi sensuelle, sexuelle, et dans tous les cas approximative et connotée, puisqu'on se comprend toujours à demi-mot ou presque... L'invraisemblance que je relève dans la caractérisation que Wilde donne de Sibyl a son équivalent chez Dorian, qui, de par une prescience insolite, peut déclarer à Basil Hallward qu'il a eu raison de « soustraire son amour à la poésie et de trouver <sa> femme dans les pièces de Shakespeare »[1]. Wilde ne suit

1. « J'ai eu raison, n'est-ce pas, Basil, d'aller chercher mon amour dans la poésie et ma femme dans les pièces de Shakespeare ? Des lèvres auxquelles Shakespeare a appris à parler m'ont chuchoté leur secret à l'oreille. Les bras de Rosalinde m'ont étreint et j'ai embrassé Juliette sur la bouche. », *Portrait*, p. 129.

pas toujours ses propres choix et Dorian semble avoir déjà tout oublié de ce que Lord Henry lui proposait comme philosophie de la vie : du plaisir, du neuf, du sensationnel, du sensuel. Mais tout est là. Si l'on s'en tient à l'expression des sentiments amoureux, la poésie shakespearienne est de loin supérieure à tout ce que l'on pourra improviser dans le feu de l'action. Mais, et cela ne pouvait être explicité, le sentiment amoureux, avec son arrière-monde sensuel et sexuel, ne peut se limiter à sa seule traduction expressive, qui est à l'amour ce qu'un portrait ou une photographie est à son modèle, à savoir une réduction et un appauvrissement particulièrement radicaux.

Assumer un rôle, c'est se laisser posséder par le texte à un niveau d'engagement tel qu'il ne reste rien de soi-même. En tombant amoureuse, Sibyl Vane peut croire qu'elle fait l'expérience d'émotions qui sont enfin les siennes, elle qui pouvait dire : « Je faisais mienne la joie de Béatrice, mienne la peine de Cordélia » ; mais il n'y a aucun langage sien dans lequel elle pourrait exprimer ces émotions siennes. Écrire est tout autre chose qu'interpréter un rôle écrit par autrui. C'est un problème commun, dont tout le monde peut faire l'expérience malheureuse : quand, dans la vie de tous les jours, il s'agit d'exprimer son amour ou sa douleur, tôt ou tard on se surprend à citer, voire même à pasticher tel lieu commun ou telle sentence lourdement « poétique ». Je ne m'explique pas autrement cette expérience de laboratoire, davantage mimée que vécue, que Sibyl Vane inflige à celui qu'elle aime, par laquelle elle lui donne à voir et à entendre un tel jeu radicalement faussé : c'est en effet la contraposée de l'expérience qu'elle a dû faire, je le conjecture, de s'avérer incapable de trouver un langage qui lui soit propre, ainsi qu'une manière de se mouvoir, d'exprimer par les mouvements et le visage telle ou telle émotion qui la représente vraiment, en lieu et place d'une image à laquelle le métier d'actrice la réduit constamment. C'est ainsi qu'elle renonce à se prêter à l'incarnation d'êtres qu'elle n'est pas : elle veut être ce corps à partir duquel il y a une âme, et non plus l'âme forgée par Shakespeare à travers l'unique registre de la langue poétique, qui doit emprunter un corps à quelque actrice et l'animer comme une marionnette.

Était-ce bien cela qu'elle donnait à comprendre à Dorian Gray? – Probablement. S'est-elle méprise sur ce qu'il est ? – Absolument. Dorian Gray est justement ce corps à partir duquel une âme tente de s'affermir et de se définir. Il ne joue pas un rôle : il est tout entier un personnage, qui ne peut jamais imaginer qu'il puisse n'être que cela, un personnage. Sibyl a sur lui l'avantage d'avoir été par excès non pas un mais plusieurs personnages pour lesquelles elle changeait d'âme comme l'on change de costume. La voilà démunie, tentant d'exister dans une nudité ontologique : elle-même, et rien d'autre, dans une vulnérabilité qu'absolutise l'amour qu'elle voue à Dorian Gray, un amour davantage fantasmatique il est vrai que sexué. Sibyl Vane s'est donc débarrassée de tous les oripeaux, les faire-semblants, les trucages de son métier; elle renonce à produire ce type particulier de fantasme qu'exige la performance théâtrale, mais elle n'a pas renoncé pour autant à fantasmer – au sens d'user de son imagination, *fantasia*, et de se laisser abuser par elle. Son amour pour Dorian Gray est tout aussi imaginaire que celui qu'il paraît lui vouer.

Reste à démêler l'énigme de cette insolite prédilection de Dorian Gray pour le théâtre, où transparaît celle de son auteur, au prix d'une déformation qui le rend quelque peu artificiel ou superficiel. Le dol n'est pas bien grand, puisque le *Portrait de Dorian Gray* est à la fois une apologie et une dénonciation de la superficialité. Si Dorian Gray ne peut pas comprendre Sibyl Vane, et que celle-ci ne peut pas comprendre à son tour qu'il ne la comprenne pas, ce n'est pas parce que la distance de l'un à l'autre est trop grande. Au contraire, c'est parce que Sibyl Vane lui tend un miroir, où comme en tout miroir, s'inverse l'image. Dorian Gray est sans âme parce que ce qui lui en tient lieu est voué à se perdre une fois pour toutes, tandis que Sibyl Vane n'a d'âme que dans sa faculté à la perdre tant et plus pour autant qu'elle soit sur scène et à la recouvrer dès qu'elle en sort. Son âme transparaît alors dans la mutation qu'elle opère des personnages artificieux du théâtre shakespearien, avec leur langage et leurs réflexes d'une autre époque, et elle transparaît miraculeusement en se transfigurant à volonté dans le portrait qu'elle donne de *Juliette*, de *Desdémone*, d'*Ophélia*, etc. De la même façon que petit à petit le satyre grossier et bestial transparaît sous le visage de l'ange dont Basil Hallward a fait le portrait.

chapitre 5
pour une poétique de la douleur

> La Forme est tout. Tel est le secret de la vie. Trouvez son expression à votre peine, et votre peine vous deviendra chère ; sachez exprimer votre joie, et vous en décuplerez les délices. Voulez-vous aimer ? Récitez les litanies de l'amour, et les mots créeront le désir d'où le monde s'imagine qu'ils naissent. Avez-vous un chagrin qui vous ronge le cœur ? Trempez-le dans le langage du chagrin, empruntez-en les termes au Prince Hamlet ou à la reine Constance et vous trouverez dans les mots un baume adoucissant, et vous sentirez que la Forme, berceau de la passion, est aussi la tombe de la douleur[1].

« La Forme est tout ». Dans *The Critic as Artist*, un texte dont la rédaction et la parution sont à peu près contemporaines de celles du *Portrait de Dorian Gray*, Oscar Wilde énonce ainsi le motif directeur de sa propre *poétique*, qui est en même temps celui d'une véritable philosophie de la vie. Pourtant, s'écrierait-on volontiers, cette peine dont il faudrait « trouver <l'>expression » doit donc lui préexister en quelque manière ! On le sait bien, Wilde ne déteste pas radicaliser jusqu'au paradoxe ses pensées les plus profondes, au risque de heurter le bon sens par des conséquences tout aussi imparables qu'inattendues : si la forme est *tout*, il faut bien que la matière ainsi mise en forme ne soit

1. O. Wilde, *La critique est un art*, trad. cit., p. 199.

rien, ou pas grand-chose. Ne faut-il donc pas faire la part dans notre vie émotionnelle d'états psychiques qui existeraient par eux-mêmes, en amont et indépendamment de toute activité expressive ?

Ce genre de perplexité, reconnaissons-le, est monnaie courante. À cette notion commune d'un sentiment indépendant de son expression devrait correspondre son symétrique, selon la logique propre du bon sens, à savoir cette idée insolite d'une *expression dépourvue de tout sentiment*, qui ne peut être qu'un paradoxe vide de toute signification, en tout cas dans la vie de tous les jours. Or c'est bien *au théâtre*[1] qu'Oscar Wilde va en faire faire la démonstration dans cette scène extraordinaire où Sibyl Vane rend la théâtralité à son vide premier pour recouvrer sa propre plénitude existentielle. De la performance d'une scène emblématique du théâtre shakespearien, l'on attend toujours déjà qu'elle produise des émotions explosivement douloureuses. À nouveau, c'est l'invisible médiation d'une fiction littéraire qui permet d'imaginer comme une réalité ce qui *de facto* serait impossible, à savoir l'*expression du sentiment sans sentiment*, ce par quoi Sibyl Vane donne à entendre et voir l'inaudible d'une écriture et d'une théâtralité réduites à elles-mêmes.

Si mon argument a quelque mérite, il convient alors de s'interroger sur ce qui pourrait motiver Oscar Wilde à en passer par un tel « moment », même si l'on doit se contenter de spéculations à cet égard. Fallait-il un tel *Gedenkexperiment* et si oui, pour quoi faire ? En effet, dans le roman, ce renversement suicidaire du jeu

1. Le sujet est plus vaste qu'il n'y paraît : on pourrait en effet juger qu'une grande partie de la musique obéit à cette définition-là, à savoir une expression purement formelle qui serait cependant capable de faire naître quelque sentiment, car si la musique n'exprime rien d'autre qu'elle-même, elle ne le fait pas à la manière d'un système logique ou d'une arithmétique : elle fait naître des sentiments esthétiques, dont certains peuvent même être associés à des émotions aisément identifiables telles que la joie ou la tristesse.

théâtral avait pour fonction de ramener l'émotionnalité théâtrale au niveau zéro, c'est-à-dire au *rien*. Or, Sibyl Vane, telle que Dorian Gray la découvrait, était le *tout* achevé du jeu théâtral, soit l'interprète absolue de l'émotion paroxystique : elle était cette interprète qui réussissait exceptionnellement la production d'une émotion qui faisait corps, sans reste, avec son expression poétique (la « Forme »), ce pour quoi il lui fallait une écriture à la hauteur d'une ambition aussi grandiose. Cette écriture est bien sûr celle du poète absolu que fut Shakespeare aux yeux de Wilde. Je note, sans en dire plus, que ce passage du Tout au Rien est structuralement analogue à la mutation de la beauté idéale à son antithèse, la laideur la plus enfoncée dans la matière.

Autre question : est-ce qu'il aboutit vraiment, ce projet d'un tel *Gedenkexperiment* en guise de dénouement d'un processus tragique? À dire vrai, l'on en garde ordinairement le souvenir d'une incompréhensible foucade qui serait le fait d'une jeune fille sentimentale jusqu'à la niaiserie, qui pense devoir s'affranchir de ce qu'elle a de meilleur et hait soudainement ce qu'elle adorait jusque-là. C'était en première lecture, il y a bien longtemps, l'opinion que je m'en faisais. Je conjecture qu'en général, la majeure partie des lecteurs subiront cet épisode comme un passage obligé, dont la teneur est simplement anecdotique, avec cette présence féminine qui dissone d'avec la tonalité décidemment homophile de tout le roman. Qu'on en vérifie le détail : c'est l'histoire, je simplifie, de la fascination d'un Dorian Gray esthète pour une très jeune fille dont on ne sait si c'est sa beauté physique ou celle, plus métaphysique, de son jeu théâtral, qui produit l'enchantement séducteur. D'ailleurs on n'en a cure. L'inévitable intrigue amoureuse prend aussitôt forme et les conventions romanesques les plus prosaïques sont ainsi respectées. Toutefois, il convient qu'elle tourne court car l'intrigue fantastique l'exige, l'une gênant l'autre. Tout se joue donc très rapidement : Dorian Gray ne voit que l'héroïne shakespearienne dans son incarnation, dont la contrepartie matérielle – la personne même de Sibyl Vane, telle qu'elle existe en dehors de la scène – n'existe pas pour lui et ne doit pas exister. Il n'en est même pas conscient, parce que lui aussi, en fait, n'existe pas encore. Sibyl Vane veut précipiter l'essor de cette amourette ; elle veut quitter ce monde où elle n'est qu'un effet pour enfin rejoindre la « vraie vie », où elle situe son « Prince Charmant ». Fatal malentendu : en jouant ainsi à qui-perd-gagne, elle perd tout et ne gagne rien. Ils rompent. Elle se suicide.

Sortir de scène sans sortir du fantasme, c'est au fond de cela qu'il s'agit car c'est entre la scène et le fantasme que s'ouvre la possibilité d'un malentendu tragique. Dorian Gray est-il autant un fantasme – le « Prince Charmant » – que Sibyl Vane elle-même, dans la mesure où elle ne lui est visible que sous les traits de Juliette, d'Ophélie ou de Desdémone ? Quant à lui, existe-t-il vraiment au-delà de cette trop grande beauté à laquelle Basil Hallward, son peintre, le réduit ? La réponse est non, et c'est un corollaire inattendu de la démonstration existentialiste que Sibyl Vane voulait s'imposer et lui imposer, pour montrer qu'elle peut exister et veut exister et pour le rejoindre dans le monde réel. On entrevoit ici quelque chose de l'intention d'Oscar Wilde, si je ne me trompe pas, mais il me faut aller un peu plus loin pour explorer ce que pouvaient être les motivations du personnage, en amont de l'explication un peu courte qu'elle avance de son comportement, avant d'être sèchement éconduite par Dorian Gray.

Pour cela, il me faut insister sur la matière émotionnelle de son jeu théâtral, à savoir la *douleur*. Cette épreuve par l'absolu, Sibyl Vane ne pouvait l'esquiver, justement parce qu'elle vit dans son interprétation à la scène des douleurs immenses dont elle n'avait que le pressentiment, à partir de sa propre vie dont nous pouvons bien comprendre, en lisant le livre, qu'elle est sans avenir, sans destin, sans intrigue et sans dénouement. Pour exister en tant que telle, Sibyl Vane ne pouvait pas ne pas faire cette démonstration du vide absolu que requiert, comme son fondement, un tel jeu théâtral. Oscar Wilde doit supposer l'absolu – l'absolu dans le jeu, l'absolu dans le vide – pour que son *Gedenkexperiment* fasse sens, un sens qui est bien plus philosophique que dramaturgique. Pour ce faire, il se positionne loin des réalités prosaïques du théâtre et des conceptions, vraies ou fausses, que les actrices et les acteurs s'en font ordinairement. En effet, ceux-ci subvertissent ordinairement leur rôle pour en faire le vecteur de leur *ego* avec l'intention somme toute innocente de se magnifier par là. En fait, ils ne jouent jamais qu'un seul rôle, le leur. Exceptionnelle, Sibyl Vane l'est de n'être *rien* par elle-même afin que les personnages qu'elle incarne soient *tout*, totalement désencombrés de ce qu'elle aurait pu y mettre et qui aurait pu provenir de sa propre psychologie – quelque volonté de reconnaissance symbolique, quelque besoin de briller, de séduire, de se confirmer dans sa féminité, en se drapant dans des personnages qui seraient ainsi réduits à n'être que des vêtements, des rôles, des ornements. Actrice suprêmement vide, parce que c'est l'absolue condition de l'art achevé, Sibyl Vane ne se distingue pas de cet être insignifiant qu'elle est, en dehors de la scène. Il lui fallait donc faire la démonstration que le vide n'est que cela, du vide, et, une fois le Malin Génie congédié, qu'il resterait bien quelque chose au fond de la casserole, non pas le *cogito* classique qui (se) pense en autiste, mais cet être-pour-autrui, par la médiation de la passion amoureuse enfin convertie en un destin positif et heureux.

« — Dorian, vous auriez dû comprendre. Mais maintenant vous comprenez, n'est-ce pas? ». Bien sûr que Dorian Gray n'y aura rien compris. Et le lecteur non plus, d'ailleurs, soyons honnêtes. L'incompréhension, dans un cas comme dans l'autre, va s'objectiver : du point de vue du lecteur, Sibyl Vane apparaîtra quelque peu opaque dans ses motivations, et folle, pour tout dire, et folle d'une manière délibérément inintéressante, qui plus est. De toute façon, elle va se suicider… Le lecteur ordinaire de ce roman extraordinaire s'en tiendra à l'explication la plus simple, qui est celle, assez simpliste, que l'actrice aura produite pour son propre compte : il lui fallait opter pour la réalité (de son amour) contre la fiction (des amours shakespeariennes, par personnages interposés). L'essentiel est que Dorian Gray agisse à partir de sa propre incompréhension et que l'illusion, peut-être même vraie, de son amour pour Sibyl s'évapore violemment et instantanément. Les nécessités de l'intrigue fantastique, dans le roman, auront pris le pas sur la teneur de cette discussion philosophique que Sibyl Vane semblait vouloir engager sur la réalité et la fiction de la Forme et qui, s'il lui avait été possible de vider cette étrange querelle, aurait paru insupportablement abstraite, en tout cas à l'aune d'un roman fantastique.

Telle est la tache aveugle du personnage de l'actrice, dans sa caractérisation psychologique : elle conteste le théâtre dans sa globalité et veut renoncer à sa condition d'actrice, pour prétendument s'épargner la dépersonnalisation qu'elle subit *de facto* en se prêtant aux sentiments d'un personnage entièrement fictionnel, à la manière d'une prophétesse, au détriment de son propre « personnage » si je puis appeler ainsi ce qu'on nommerait plus ordinairement sa « personnalité ». Toutefois, ce faisant, elle ne se prononce aucunement contre cette poétique de la douleur qui fait dépendre le sentiment de la forme qu'on lui donne, et dont le maître-étalon est ici, encore et toujours, le verbe shakespearien. Autrement dit, Oscar Wilde fait passer son personnage d'un extrême à l'autre de cette dissociation entre l'expression souveraine, qui fait naître le sentiment – ce qui est la thèse wildienne par excellence, ce que je montrerai plus loin – et le sentiment, en amont de toute expression possible, qui devrait, selon Sibyl, constituer sa propre identité existentiale.

Sibyl veut être vraiment elle-même, ce qui, si on lit bien Wilde, n'est donné à personne, et l'on devrait ajouter : même pas à lui, si l'on devait suivre sa propre logique jusqu'au bout. Toutefois, au risque de me répéter, je voudrais souligner que Sibyl Vane n'est pas une personne réelle : elle est ce personnage d'un roman, qui à son tour incarne des personnages de théâtre, à travers une dénivellation marquée dans la convention littéraire, laquelle dans le genre fantastique doit s'obliger à un semblant de vraisemblance réaliste. Raison pour laquelle je puis parler, à propos du dénouement fatal de cet épisode, d'un moment de théâtre dans ce théâtre où nous transporte ce roman... La tentation est grande, en effet, de traiter la chose comme un effet réaliste, c'est-à-dire d'imaginer que dans des circonstances similaires, une « vraie » Sibyl pourrait se comporter exactement comme la Sibyl « fictionnelle » alors que cela est tout bonnement impossible dans la réalité. À la réflexion, cela s'impose à l'esprit car toute adaptation cinématographique de sa *Gedenkexperiment* nihiliste ne pourrait être que ratée : aucune actrice ne pourrait jouer un tel jeu faux sans jouer mal. En fait, Sibyl Vane ne joue pas faux, ce que l'on serait tenté de restituer *à l'écran*. Non, au contraire, *dans le livre*, elle réussit magnifiquement à jouer cette position abstraite dans le champ des possibles, qui est le jeu absolument faux, un jeu méta- qui suppose l'absolu ultime dans la maîtrise du métier d'actrice. En un mot, elle sait très exactement ce qu'elle fait.

Dans le *Portrait de Dorian Gray*, l'issue tragique de cette malencontre entre deux êtres extraordinaires est ce dont le portrait va aussitôt arborer la marque en contrecoup. Cette malencontre – et surtout le suicide – en est par conséquent le déclencheur. En effet, si l'intrigue centrale du roman disposait d'assez de munitions, il lui manquait encore un détonateur. Une simple juxtaposition temporelle suggère un lien de cause à effet entre le suicide de Sibyl Vane et la toute première altération du portrait que Dorian Gray découvre quelques jours plus tard. Oscar Wilde à dessein reste très vague, ce qui sied au genre fantastique : le *fait* même que le portrait puisse muter et révéler progressivement l'enlaidissement de l'âme et du visage de Dorian Gray étonne suffisamment pour saturer la capacité d'émerveillement du lecteur. Le *fait* même et non son *sens* possible. Oscar Wilde joue en maître dans ce registre fantastique et le lecteur peut bien se satisfaire de jouir d'un enchantement aussi puissant.

Sortir du fantasme, et par conséquent sortir de scène, tel est le raisonnement que Dorian Gray ne pourra pas saisir, à partir de sa configuration tragique, en tant qu'il est prisonnier du fantasme qui l'a créé et qui est le fait de la nature, de Dieu ou de l'auteur d'un certain *Portrait*. Pour Sibyl Vane, c'est la condition sous laquelle elle peut aimer et être aimée, dans une réciprocité recouvrée qui seule pourrait transformer l'amour impossible en possibilité d'amour. À Dorian Gray, Basil Hallward ne dira jamais rien de son désir amoureux, parce que tout le lui interdit tandis qu'à Sibyl Vane, Dorian Gray déclare d'emblée sa flamme, et cela va de soi. C'est un corps *vraiment* vivant, sexualisable et idéalisable à loisir, que Basil Hallward désire *vraiment* chez Dorian Gray : s'il peint, s'il fait œuvre, s'il travaille son art qu'il perfectionne en se remettant fondamentalement en question, il ne peut pas pour autant s'aveugler sur le fait qu'il refuse constamment d'envisager la possibilité que le jeune homme puisse répondre favorablement à quelque entreprise de séduction de sa part. Il se verrait aussitôt foudroyé de révéler qui il est et ce qu'il veut. Tout se passe dans sa tête. C'est au fond cet emprisonnement dans le fantasme qui est le sous-texte puissamment directeur du *Portrait de Dorian Gray*.

Le courage dont fait preuve Sibyl Vane fait défaut à Basil Hallward pour d'évidentes raisons qui l'excusent d'autant : son désir de vie mute en amour malheureux – et la beauté en laideur… – parce qu'il sait confusément qu'il n'échappera jamais aux interdits sociaux frappant l'homosexualité victorienne. Sibyl Vane en revanche croit pouvoir opérer la transmutation inverse et son ambition est parfaitement acceptable : cette relation amoureuse, sentimentalement chargée par l'imaginaire social, est un hymne exalté à l'hétérosocialité, avant qu'on passe de l'autre côté du miroir et que l'on envisage sa contrepartie sexuelle, elle aussi opacifiée par les non-dits. Sibyl Vane croit pouvoir faire de l'amour impossible dont elle s'est fait la spécialité au théâtre, une *vraie* possibilité d'aimer, *hic et nunc*, dans la Vie et non plus dans l'Art. Il lui suffit qu'un « Prince Charmant » vienne lui parler... auparavant, elle jouait seule, en autiste surdouée, sans *autrui*. Elle se donnait à elle-même le spectacle d'une douleur qu'elle aurait ressentie si la vie lui en avait donné la possibilité de rencontrer le « grand amour » pour aussitôt l'en priver, de par des circonstances extérieures, comme chez Shakespeare. Elle vivait ainsi la douleur de ne pas pouvoir donner *corps* à *sa* douleur. Advient quelqu'un dont elle croit qu'il l'aime, *elle* en *elle-même*, et la voilà qui se révèle : elle prend conscience de ce qu'elle est par-delà les mots et les idées d'un certain Shakespeare, et surtout elle prend conscience qu'elle souffrait les douleurs de « ces personnages qui n'existent pas » (*vide infra*), faute de mieux, faute d'exister, faute d'avoir devant elle quelqu'un qui existerait suffisamment pour l'aimer en retour. Le malentendu tragique joue sur une ambiguïté subtile : est-ce que l'amour que l'on peut avoir pour un fantasme (plutôt qu'une personne réelle) est lui-même un fantasme, c'est-à-dire rien ? Pour mieux faire comprendre ce curieux passage du vivant à l'inerte – ce dont Sibyl Vane impose la démonstration à son « Prince charmant » –, je propose un rapprochement à un passage étonnant du *Portrait of Mr. W. H.* où Wilde décrit le processus inverse, un processus par lequel l'inerte prend magiquement vie... C'est ce qu'il nous faut examiner maintenant.

quand la magie opère

Dans ce *Portrait of Mr. W. H.*, que j'avais évoqué dans les grandes lignes au chapitre précédent et qui à maints égards annonce le *Portrait de Dorian Gray*, se trouve un récit dans le récit, c'est-à-dire une *diégèse* qui refait dans le sens inverse le trajet de Sibyl Vane, un trajet au terme duquel celle-ci prend conscience de « la superficialité, l'imposture, la bêtise... » du théâtre et se déprend ainsi de l'illusion vraie par laquelle les émotions théâtralisées paraissent authentiques. On en retrouve ici l'essentiel disposé en un ordre différent, à savoir le théâtre de Shakespeare, la scène et un témoin prétendument oculaire :

> Un jeune Élisabéthain, qui s'était enamouré d'une jeune fille si blanche de peau qu'il la nomma Alba, a laissé un écrit qui relate l'impression que lui a laissée la création au théâtre de *Peines d'amour perdues* <*Love's Labour's Lost*, de Shakespeare>. Quoique les acteurs fussent admirables, (...), surtout ceux qui assuraient les rôles d'amoureux, il avait toutefois l'impression que tout sur scène était « feint », que rien ne venait « du cœur », et quand ils semblaient s'affliger, que les acteurs « n'en ressentaient aucun souci » <*felt no care*> et se bornaient à présenter un « spectacle pour rire » <*a show in jest*>. Et pourtant, tout d'un coup, cette comédie fantaisiste d'une romance irréelle se métamorphosa pour lui, tandis qu'il était assis dans le public, en la véritable tragédie de toute sa vie. Les humeurs de sa propre âme semblaient avoir pris forme et substance pour évoluer devant lui. Sa douleur avait un masque souriant, et son chagrin, un costume pimpant <*gay raiment*>. Au-delà du spectacle plein de brillant et de changements à vue, il se voit lui-même, tel qu'on peut voir sa propre image dans un miroir fantastique. Les mots eux-mêmes, qui sortaient de la bouche des acteurs étaient comme arrachés de sa propre souffrance. Leurs fausses larmes provenaient de ce que lui-même les avait pleurées.

> Ils sont peu nombreux ceux qui n'ont pas ressenti quelque chose semblable à ceci. Nous devenons amants lorsque nous voyons Roméo et Juliette, et Hamlet nous transforme en simples étudiants[1].

L'anecdote est vraisemblablement inventée de toutes pièces et le récit est truffé d'expressions vieillies, montées en citations, ce qui, dans ce *Portrait of Mr. W. H.*, correspond à un travail de faussaire assumé qui n'est pas sans écho avec l'argument général de ce dialogue, à savoir la production d'un faux portrait à l'appui d'un raisonnement que l'on estime juste et fondé mais insuffisamment convaincant. Le langage avec ses expressions *à la Shakespeare* se mire de surcroît dans la description qui est donnée d'une performance qui, malgré d'admirables acteurs, laisse de marbre : tout est artificiel, emprunté, inauthentique, lourdingue. Inopérante, l'incantation sonne creux.

Je donne raison à Oscar Wilde sur ce point : « ils sont peu nombreux… » mais bien sûr chacun est ramené à ses propres souvenirs, quand, à travers un texte dont l'opacité pétrifiée suscite tout d'abord un ennui pesant, se font entendre les harmoniques de « la véritable tragédie de toute sa vie ». Il serait impossible de repérer quel mot, quelle phrase, quel retournement de situation aura pu dans la performance du texte opérer cette fulgurante métamorphose de l'illisible en une salve de lettres de feu. Impossible aussi de repérer ce qui chez telle actrice, tel acteur, marque le changement de dimension, qui fait passer de la récitation scolaire à la fulmination prophétique. L'émergence irrésistible de l'émotion au départ d'une performance tout d'abord inefficace constitue le *réel* de la représentation théâtrale (ou de la performance musicale), même si dans la « vraie vie », la magie n'opère pas à tous les coups, loin de là. Et de ce *réel*-là, aucune information n'est possible. Il ne suffit pas que l'auteur

1. O. Wilde, *The Portrait of Mr. W. H.*, éd. cit., p. 342-343, notre traduction.

mette dans la bouche de son actrice des mots tels que « je souffre » pour qu'on en soit touché et qu'on ressente sa peine en première personne. Tout un développement, comme l'on dit dans le langage musical, est nécessaire pour que naisse en nous avec la force d'un raisonnement, l'émotion qui nous assaille non plus de l'extérieur, en provenance de la scène, ou de l'image, ou du livre, ou de la musique, mais de l'intérieur, de cette intériorité que l'on ne se suspectait même pas. Et quand cela se produit, écrit Oscar Wilde, <le spectateur> « se voit lui-même, *tel qu'on peut voir sa propre image dans un miroir fantastique* ». Nous y voilà !

L'artificialité épaisse du mauvais théâtre n'est pas de propos délibéré, mais elle est la base matérielle à partir de laquelle quelque chose peut peut-être se passer, quelque chose de magique. Par contraste, on peut qualifier de fantastique la transmutation opérée par Sibyl Vane de la beauté absolue de son propre jeu en un *anti-jeu* qui serait dépeuplé par l'automatisme scolaire de la poupée articulée. Le terme exact manque pour dire ce qu'il peut en être d'un tel *anti-jeu*, justement parce qu'il n'existe pas dans la réalité du monde commun. Dans le *Portrait*, en effet, la magie de ce jeu théâtral est donnée comme absolue, ce qui est en soi déjà fantastique, et son antithèse, tout aussi absolue, n'est ni laide, ni vicieuse, ni vieillotte, ni maladive. Aucune épithète, aucune image ne lui convient parce qu'étant déjà de l'ordre de la théâtralité, il n'a aucun dehors : là où le portrait maléfique donne à voir le pourrissement, la laideur, le vice, ce jeu-là devait donner à voir la machine réduite à des rouages ni vivants, ni morts, avec sa précision technique mise à nu, son atonie minérale, son abstraction asphyxiante. Oscar Wilde donne à voir l'écriture en elle-même, loin du flamboiement de l'invention ou des évidences rassurantes des faits du monde commun. Il donne à voir qu'il n'y a plus rien à voir. C'est exactement ce qu'a vu Dorian Gray, avec un effet de vide vertigineux qui peut expliquer son insensibilité subséquente.

Tout ceci nous amène à une problématique cruciale dans la poétique de la douleur selon Oscar Wilde, celle du « transfert de l'émotion ». *The Critic as Artist*[1], cet essai qui me paraît essentiel pour comprendre sa poétique et son esthétique, contient une discussion assez étendue de la manière dont l'émotion au théâtre se communique au public. Wilde la nomme « *transference of emotion* », une expression qui me fait hésiter quant à la traduire : me vient à l'esprit le *magnétisme* que l'on trouve, avec cette même signification, dans un texte aussi ancien que ce dialogue platonicien, *Ion*, du nom du rhapsode que Socrate met à l'épreuve d'une maïeutique aussi énergique qu'elle est peu amène[2]. La référence y est faite à la mystérieuse pierre de Magnésie qui dit comment l'émotion théâtralisée peut, dans le meilleur des cas, se propager par conduction. Platon, c'est certain, explique ainsi un mystère par un autre, mais, quoi qu'il en soit, tout cela parle à l'imagination. Cette « étrange chose », loin de faire l'objet d'une théorisation suivie, surgit dans le flux *parlando* d'une conversation à bâtons rompus entre deux personnages fictifs, Gilbert et Ernest :

> Étrange chose que ce transfert de l'émotion <*this transference of emotion*>. Nous souffrons des maladies du poète, et le chanteur

1. Ce texte regroupé avec deux autres textes importants pour nous, *The Truth of Mask* et *The Decay of Lying*, parut en mai 1891 sous le titre *Intentions* que nous avons déjà cité à maintes reprises. Le titre français, *La critique est un art*, est peut-être le moins pire des mauvais choix, mais il est très éloigné du sens du texte et de son titre anglais, *The Critic as Artist*.

2. « ...ce n'est pas un art (...) qui se trouve en toi et te rend capable de bien parler d'Homère. Non, c'est une puissance divine qui te met en mouvement, comme cela se produit dans la pierre qu'Euripide a nommée Magnétis et que la plupart des gens appellent Héraclée. Car, en réalité, cette pierre n'attire pas seulement les anneaux qui sont eux-mêmes en fer, mais elle fait aussi passer en ces anneaux une force qui leur donne le pouvoir d'exercer à leur tour le même pouvoir que la pierre. En sorte qu'il se forme parfois une très longue chaîne, une chaîne d'anneaux de fer, suspendus les uns aux autres. Mais c'est de cette pierre, à laquelle ils sont suspendus, que dépend la force mise en tous ces anneaux. » *Ion*, 533d, trad. cit. M. Canto-Sperber, p. 99.

> nous prête ses douleurs <*the singer lends us his pain*>. Des lèvres mortes ont encore pour nous un message, et des cœurs tombés en poussière nous communiquent leur joie. (...). Il n'y a pas de passion que nous ne puissions sentir, pas de volupté que nous ne puissions éprouver. Et nous choisissons l'heure de notre initiation comme celle de notre liberté[1].

Pourrait-on parler d'empathie dans ce contexte ? Il est vrai que par cette émotion particulière, j'ai la conviction de ressentir la douleur d'autrui sans pouvoir distinguer entre d'une part, une fusion émotionnelle entre lui et moi à l'occasion d'une souffrance partagée – c'est le sens que rend étymologiquement le terme allemand, *Mitleid*, qu'on traduit le plus souvent par *compassion* – et, d'autre part, une sorte de mimétisme qui me permet constamment de conjuguer l'intensité d'une douleur qui me dévaste, notamment dans la situation du deuil partagé, avec la conscience jamais entamée de ce que malgré tout ce n'est pas *ma* douleur. Se poserait alors la question de déterminer ce que pourrait être, dans le spectre de ses diverses possibilités, mon propre rapport à cette douleur que je dis mienne, la psychanalyse ayant bien acclimaté l'idée d'un déni qui, à l'intérieur de moi-même, puisse traiter ladite douleur comme si elle m'était étrangère, de par une dissociation qui pourrait même se structurer en une véritable *schize* : dans ce cas, il s'ensuivrait que le spectacle d'une douleur présente cette capacité de contourner ce déni et d'exprimer une douleur mienne *comme si* elle n'était pas la mienne, la césure spectacle/public venant coïncider avec ladite *schize* interne et en pallier ainsi les effets de pétrification mortifère.

Une configuration particulièrement intéressante se dessine au départ de la poétique wildienne de la douleur entre ces deux extrêmes que seraient d'une part une souffrance à ce point intériorisée et refoulée qu'aucun mot ne pourrait la dire et d'autre

1. *The Critic as Artist*, éd. cit., p. 1132 ; trad. cit., p. 174.

part une douleur transférable que l'on pourrait ressentir sans aucun recul et à laquelle cependant on trouverait de la beauté, parce qu'elle serait transfigurée par les moyens de l'art de la parole poétique, au théâtre ou sous une forme associée à la musique. Ce sont ces deux *extrema* que je voudrais maintenant examiner tour à tour.

souffrir sans pouvoir pleurer

Dans la vie de tous les jours, lorsque se produit un évènement douloureux qui nous atteint au plus profond, nous restons muets. Tout ce qui nous vient à la bouche, ce sont des paroles d'emprunt ou des formules convenues, dont nous ressentons avec malaise la grande vacuité. L'authenticité serait alors de l'ordre du cri, du pleur étouffé ou éclatant, du bruit, autant de signes d'une expérience de la folie, d'intensité variable selon la personne. L'impression d'une impuissance doublée d'une imposture nous submerge : la douleur vécue se reconnaît à cela, que l'on s'y révèle sans voix, sans mots, sans gestes. Rien. On se rabat ordinairement sur ce qu'offrent la tradition, le rituel, la religion, qui sont tous de l'ordre du collectif. L'individu quant à lui prend conscience qu'il est un abîme sans fond. Les exemples qui me viennent à l'esprit sont ordinaires dans leur exceptionnalité, comme la possibilité que meure un être que j'aime. Il me faut pourtant aller à plus exceptionnel encore, tout simplement parce que cette analyse de la poétique wildienne m'y appelle : par-delà l'exceptionnalité des situations tragiques qui sont caractéristiques du théâtre shakespearien, je dois considérer la condition ordinaire de l'homosexuel victorien, c'est-à-dire à la situation de celui qui s'exile à l'intérieur de lui-même pour échapper à une menace sourde et omniprésente qui l'angoisse de part en part, en continu. Sa détresse est d'autant plus dépourvue de mots qu'il doit tout faire pour la taire et faire comme si elle n'avait jamais existé. Le deuil est la reprise cathartique qui se produit au sein de la communauté un moment ressoudée, une reprise d'expériences qui sont pourtant toujours vécues en première personne, c'est-à-dire individuellement. L'homosexuel victorien qui s'évertue à faire le mort, ne dispose même pas de cette ressource pour donner sens à sa douleur d'exister ou pour faire le deuil de ce qu'il aurait pu être ou vivre. Cette douleur en tant qu'elle est *vécue*, que je veux nettement distinguer d'une douleur *spectacularisée*, est de bien plus grande ampleur que ce dont chacun peut s'avérer capable. Cette *disproportion* – souffrir au-delà de ses moyens – est ce par quoi une telle douleur détruit. Ce en quoi, par conséquent, elle fait effectivement souffrir. Elle est sans intrigue ni dénouement[1].

Oscar Wilde, dans tous ses écrits contemporains de la rédaction du *Portrait*, ne cesse de revenir à Shakespeare. Il y trouve un ensemble particulièrement riche de figures proprement tragiques dont le dénominateur commun est l'amour contrarié ou impossible, un ensemble dont il fait le répertoire de Sibyl Vane. Je les dis « tragiques » parce que j'y retrouve le schème central de la *Poétique* aristotélicienne à savoir que le personnage central de la tragédie est cet *agent* qui, sans pouvoir l'anticiper, devient le *patient* de sa propre action destructrice[2]. Pour reprendre l'exemple classique, Œdipe est ce déchiffreur d'énigmes qui ne peut réaliser d'emblée qu'il est à lui-même l'énigme décisive. Cette configuration alogique se laisse aisément rapprocher des

1. Oscar Wilde appréciait tout particulièrement la *Poétique* d'Aristote, « une petite merveille de critique ». En particulier, il notait que « ...le spectacle de la Vie qu'offre la Tragédie chasse du cœur bien des scories dangereuses, et en proposant au jeu des émotions de hauts et nobles objets, élève et purifie l'homme. Elle fait même mieux que le spiritualiser : elle l'initie à des sentiments nobles qu'il aurait pu sans elle ignorer à jamais. », *La critique est un art*, trad. fr., p. 136-137. Selon la *Poétique* aristotélicienne, l'intrigue (c'est-à-dire l'action tragique) et le dénouement sont les composants de la tragédie, dont la finalité est la *catharsis* des émotions spécifiquement tragiques que sont la crainte et la pitié, *phobos* et *éléos*.

2. Pour l'argumentation sous-jacente à cette interprétation mienne de la *Poétique* aristotélicienne, je renvoie à mon ouvrage, *Salomé ou la tragédie du regard*.

passions contrariées qui font l'ordinaire du théâtre shakespearien : l'on désire désirer et pourtant, l'on veut ou l'on doit se l'interdire. Ce dilemme inhérent à la passion dévorante est matriciellement analogue à ce qui constitue l'équation non pas de l'homosexuel en général, dont la sexualité n'explique rien, mais de cette personne qui aura intériorisé l'interdit qui la frappe au tréfonds de son être, comme c'était si souvent le cas dans l'Angleterre victorienne. Cette analogie matricielle doit être envisagée avec précautions, pour prendre en compte la donnée de l'isolation qui est particulière à la condition minoritaire de l'homosexuel victorien, c'est-à-dire sa propre *Weltlösigkeit*. En d'autres termes, il faut nettement différencier entre l'évènement catastrophique dans une vie par ailleurs paisible et sereine et la condition minoritaire marquée par l'écrasement continu : entre d'une part l'évènement que l'on dit « tragique » dans le sens métaphorique et commun du terme, qui peut bien pour autant nous suffoquer de douleur, et dont le type le plus manifeste est la mort d'un proche, et, d'autre part, une vie qui est tout uniformément assujettie à des persécutions continuellement renouvelées, de type raciste, misogyne ou homophobe, et dont les incessantes rafales finissent par s'amalgamer en un horizon uniformément terrifiant. Dans ce dernier cas, la menace est celle d'un évènement à venir et qui peut-être ne vient jamais, celui d'une catastrophe indéfinissable mais imminente : l'écrasement existentiel s'effectue sans à-coups particuliers tout en pouvant s'aggraver selon le cas d'explosions de violence meurtrière. Dans le premier cas, c'est un coup de tonnerre qui traverse un ciel clair, dans le second, c'est le jour égal à la nuit, dans l'obscurité continue de nuées obsédantes.

Une vie interdite, empêchée, bâillonnée n'a pas de voix pour sa douleur, aucune musique, aucune liturgie poétique et rituelle. Elle n'en a pas même été privée dès lors qu'elle ne l'a jamais eue. Sa douleur est sans public, sans intrigue, sans dénouement. Elle est d'autant plus intense qu'interdite, elle n'a pas lieu d'être.

Elle s'intensifie du silence et de la solitude de celles et ceux qu'elle écrase. Cette thèse qu'ici j'introduis hardiment mériterait certainement de grands développements qui pourraient aisément faire un grand et gros livre, mais ce n'est pas celui que je voudrais donner à lire ici. En m'en tenant au contexte donné par le *Portrait de Dorian Gray*, je me réfère à l'angoisse généralisée qui ombre constamment l'horizon de l'homosexualité victorienne. Elle est spécifique de cette époque et l'imaginaire de notre société a aujourd'hui radicalement muté à l'égard de l'homosexualité, qui sans être pleinement acceptée, est désormais peu ou prou banalisée : des communautés se sont formées, l'information circule, ainsi qu'une pléthore d'images partout accessibles qui ne laissent pas beaucoup de place à l'imagination. La situation victorienne de cette discrimination retient mon attention parce qu'elle permet, par son étrangeté même, de mieux comprendre l'intériorisation du stigma et de la honte d'exister qui frappent d'autres catégories discriminées, à commencer par les personnes racisées ou minorisées par notre société contemporaine. Le petit enfant qui ne sait rien de la couleur de sa peau va l'apprendre d'une manière que j'ose nommer métaphysique, parce qu'elle s'annonce tout d'abord en deçà des mots, de par une étrangeté palpable qui finit par s'amalgamer sur la cible même de la discrimination raciale : l'enfant pense découvrir qu'il est lui-même la cause de la méfiance ou du mépris dont il fait silencieusement l'objet, alors qu'il n'en est que le prétexte et l'occasion. Il est différent d'une différence dont il mettra longtemps à saisir le mode d'emploi. Il en va de même pour les Juifs, les Arabes, les immigrés de toute provenance, les exilés, les proscrits. J'y inclurai même les femmes, quand bien même on pourrait se convaincre que leur situation a bien évolué et qu'elle s'améliore progressivement. Cette condition exceptionnelle de l'homosexuel victorien, je la lis comme contenant *in nuce* toute cette phénoménologie de l'intériorisation d'une haine sociale sans visage et qui percole vers l'intérieur en une accumulation de hontes floues et indécises, ouvrant cet espace singulier qu'on appelle l'intériorité et qui devient le refuge carcéral d'un inévitable repli sur soi, en forme d'exil intérieur.

L'on ne saurait rendre compte de cette angoisse kafkaïenne par ce genre de description psychologisante qui traite ordinairement le sujet comme s'il était seul au monde tout en étant prisonnier de son propre passé. Ces catégories ordinaires n'ont pas cours ici et Oscar Wilde ne fait jamais l'erreur d'introduire dans son roman la donnée sentimentale d'une culpabilité inévitablement saint-sulpicienne. De toute façon, le genre fantastique lui-même exclurait toute psychologie anecdotique : les caractères s'imbriquent les uns dans les autres, à partir de leur plus simple complémentarité et tout tourne silencieusement autour de l'axe invisible du schème fantastique. Dorian Gray ne connaît rien de la culpabilité et les nombreux crimes qu'on lui devine (et dont Oscar Wilde ne donne que quelques exemples, à commencer par l'assassinat du peintre et la destruction de son cadavre) ne pèsent aucunement sur sa conscience. Son indifférence est de nature divine, et son angoisse croissante, de nature proprement humaine. Vers la fin du récit il en vient à manifester l'état d'esprit d'un grand criminel aux abois et l'angoisse qui le tenaille se matérialise par les altérations de plus en plus prononcées de son portrait désormais tenu secret. Son angoisse tourne à l'obsession. Elle est d'une seule couleur désormais, le noir absolu. L'intrigue ne peut se dénouer que par l'attentat symbolique tenté par Dorian Gray sur son propre portrait avec des moyens néanmoins réels – un couteau. Le dédoublement s'inverse aussitôt : l'image recouvre son état premier, qui est celui d'une œuvre d'art, tandis que le cadavre de Dorian Gray, percé au cœur par l'arme qu'il dirigeait contre son image, donne à voir l'invraisemblable hideur de ce qui est à la fois un corps sévèrement dégradé et une âme réduite à un faisceau de pulsions bestiales. Décalquant l'idéal grec du καλὸς κἀγαθός (*kalos kagathos*) qui conjoignait un corps parfait et une âme parfaite, Wilde laissait le lecteur, au tout début de son roman, amalgamer les deux formes de beauté qu'étaient la beauté naturelle et « personnelle » de Dorian Gray lui-même et la beauté qui relève de l'art et de la grande maîtrise dans son portrait : cette beauté était et n'était pas celle, sublimée, d'un portrait ou bien celle, aisément sexualisable, d'un être vivant. À la fin du roman, un tel amalgame se reproduit : la tentation est grande, en effet, d'interpréter l'état final du portrait comme donnant à voir l'âme du criminel le plus endurci, dans une lumière à la fois psychologisante et moralisatrice. C'est bien l'effet recherché, à ceci près qu'il n'est recherché que comme *effet*, à la manière d'une métaphore dans le contexte du caractère littéraire de l'écriture, sans que la signification en soit jamais précisée. Si Dorian Gray est en effet confronté à une objectivation de son être le plus intérieur, c'est là une image tout aussi impossible que l'était celle de sa beauté : dans les deux cas, il s'agit d'une chimère d'écriture et d'un absolu d'écrivain, auxquels seul le schème fantastique du récit peut conférer un semblant de réalité. Or le champ d'action du fantastique est bien sûr l'imaginaire, dans son excès par rapport à ce qui constitue la base réaliste des évidences ordinaires. Il convient parfaitement à la mise en scène d'une angoisse qui se nourrit de riens et qui s'affole de ce que ces riens encore indéchiffrables soient déjà les signes avant-coureurs d'une indicible catastrophe.

La mutation de l'image de l'éphèbe en celle du satyre peut toujours être interprétée en termes moralisateurs et psychologiques : l'image finale que l'on voit dans le portrait pourrait donc bien être celle d'une âme chargée d'une extraordinaire accumulation de dettes morales, c'est-à-dire de crimes et de vices de toutes sortes, ou encore celle de cette âme corrompue et dévastée par la culpabilité. Je crois bien qu'il fallait qu'Oscar Wilde laisse la porte ouverte à des interprétations aussi faciles, pour masquer par là le couplage qui se fait de lui-même, souterrainement, entre l'image du faune ravagé, bestial et malfaisant et celle de l'éphèbe innocent et ignorant des regards avides qu'il suscite.

Dans ce contexte fantastique où les liens se forment par simple juxtaposition, à travers une géométrie variable et combinatoire, l'élément tragique doit être introduit comme une pièce rapportée, ce que sera l'épisode de Sibyl Vane au sein de l'intrigue, où elle fait figure de déclencheur. Elle porte cette charge tragique à laquelle Dorian Gray demeure étranger jusqu'à la fin du roman et, tous les soirs, elle incarne les amours impossibles, rejouant inlassablement le *lamento* de son agonie émotionnelle, sur base de la topique shakespearienne qui aura tant fasciné Wilde. Ces dilemmes, ces situations bloquées, ces apories désespérantes « parlent » puissamment aux sans-voix qui y trouvent la liturgie de leurs douleurs d'exister et de désirer. J'avancerais même que le *fantastique* du roman permet de mettre en scène, sans la nommer jamais, l'angoisse civilisationnelle des homosexuels victoriens, et le *tragique* de cet épisode de théâtre dans le théâtre dit l'impossibilité d'aimer, dont la morsure lui est équivalente, que l'on n'ait jamais aimé ou que l'on ait toujours aimé sans retour. Entre le vécu réel et réellement tu de l'homosexuel victorien et les figures propres à l'angoisse tragique, je relève un dénominateur commun, à savoir, pour le dire simplement, la matrice universelle du conflit de soi-même avec soi-même porté à une intensité critique. Le paradoxe devient le chiffre de sa prétendue « nature » : son désir est une dissonance endogène, un acouphène existentiel. Il se bricole comme il peut des stratégies de survie comme l'invisibilité, la clandestinité, le trucage. Il s'essaie à vivre comme s'il n'existait pas. Le déni est intériorisé comme un réflexe de tous les instants, et ce qui percole de son désir singulier trouve un peu de marge de manœuvre dans les formes anomales de la parole, comme l'allusion, l'humour, l'ironie, le paradoxe, les doubles sens, enfin bref tout l'arsenal caractéristique d'un Lord Henry qui en fait les armes de sa propre guérilla existentielle. Dans ce contexte difficile, l'œuvre d'art est comme une trouée d'air, un espace qui s'ouvre où s'entend une voix que les sans-voix peuvent adopter silencieusement comme la leur. D'où l'intérêt de l'œuvre d'art, qui, dixit Wilde, « ne blesse jamais ».

pleurer sans devoir souffrir

L'aliénation politique la plus extrême est celle qui affecte l'individu jusque dans sa capacité de ressentir sa propre souffrance, qu'elle réduit à quasi rien. C'est le cas pour le tout-venant des homosexuels victoriens, et la description de leur condition minoritaire que j'avais précédemment rapprochée des descriptions données par Hannah Arendt de l'isolation absolue des individus en régime totalitaire fait porter l'accent davantage sur leur situation politique, et plus exactement l'impossibilité de leur socialisation, que sur le type de discrimination catégorielle dont ils sont la cible. Au sein de l'ample spectre des catégories de haine sociale, l'homosexuel victorien à la différence des Juifs, des Arabes ou encore des Noirs ne pouvait que rarement s'appuyer sur la solidarité d'une communauté pour prendre appui sur une identité autant protestataire que persécutée. Celle-ci n'existe pas encore, sinon sous la forme d'un mythe maléfique nimbé de superstitions irrationnelles. Pis encore, l'homosexuel victorien qui, au cours de son propre développement, prend peu à peu conscience de l'orientation de sa sexualité, en connaît tout d'abord les effets de dissonance cognitive : il se sait *autre* avant de pouvoir se forger différentiellement une identité propre. En Angleterre, à la fin du dix-neuvième siècle, cette condition minoritaire, dans son ordinaire d'angoisse et de répression, est une aliénation dont la cause est à chercher du côté de la haine sociale qui vient de loin mais qui se loge au plus près de sa cible, dès lors que l'homosexuel en intériorise le stigma. Il s'ensuit une constante auto-culpabilisation, qui réalimente sans cesse la noria des émotions tragiques, c'est-à-dire de la terreur qui isole et de la pitié qui rassemble (pour reprendre ici les opérateurs bien connus de la *Poétique* aristotélicienne). La terreur est ce qui condamne au silence et à l'isolation que j'ai décrits plus haut. Quant à la pitié, elle est cette empathie dont la *transference of emotion* dit l'essentiel. Et pourtant, ces deux opérateurs si effectifs ne lui offrent pas les ressources cathartiques de la tragédie, parce que la vie de cet être qu'écrase une forme ou une autre de haine sociale, ne présente ni dénouement, ni rédemption. S'efforçant à l'invisibilité, il est le foyer provisoirement aveugle que fouille dans l'obscurité un faisceau de regards scrutateurs. Bientôt, c'est sa propre terreur qui le dénoncera.

Ce contexte, que je viens de rappeler, me paraît indispensable pour situer ce que j'appellerais volontiers l'*émotion consommable*. Ce produit culturel est justement consommable à proportion de ce qu'il est absolument décontextualisé : il est de la terreur, de l'angoisse, du désir, de l'amour sans qu'il y ait quelqu'un qui prenne peur, s'angoisse, désire ou aime. Le lien que je fais entre l'asthénie de fond de l'homosexuel victorien et l'intérêt passionné qu'il peut prendre aux œuvres qui lui font vivre des souffrances que par ailleurs il s'interdit m'est inspiré par les œuvres autant que par la vie même d'Oscar Wilde – sa course à l'abîme qui culminera avec les deux procès de 1895 dont il fut tragiquement le premier instigateur. C'est à partir de ce contexte qu'il me fallait rappeler que prend tout son sens ce passage que je tire de ce dialogue si riche et si particulier qu'est *The Critic as Artist* : Oscar Wilde se prononce en faveur de l'Art, parce que celui-ci a l'avantage de l'innocuité, comme il l'explique dans ce passage frappant :

> <Ernest> — « Faut-il donc toujours nous adresser à l'art ?
>
> <Gilbert> — Toujours. L'art ne blesse jamais <*Art does not hurt us*>. Les larmes que l'on répand au théâtre sont une image fidèle des émotions exquises et stériles éveillées par l'art <*the exquisite sterile emotions that it is the function of Art to awaken*>. On pleure mais on ne souffre pas <*we are not wounded*>, et l'affliction est sans amertume <*We grieve, but our grief is not bitter*>[1].

Si vraiment l'art « ne fait pas mal »[2], qu'est-ce qui fait mal, en contraposée ? – « la vie », bien sûr, qui nous mutile et nous afflige inévitablement. Toutefois, le paradoxe persiste, car l'art nous fait pleurer à l'occasion de blessures que nous ne ressentons pourtant pas, à bien relire ce passage. Or, si l'art a ce pouvoir de déployer dans toute leur ampleur des émotions dont l'incandescence ne brûle pas, il faut en accepter une conséquence similaire, à savoir qu'il existe aussi des émotions qui brûlent et consument invisiblement. Plus techniquement, je situerais le nœud de cette double configuration dans l'articulation de l'expérience émotionnelle à son passage possible à l'expression. En effet, l'aporie serait complète et même opaque si l'on ne distinguait pas entre l'expérience-émotion et l'émotion-expression. Du côté de l'expérience brute et potentiellement destructrice, je l'ai déjà signalé, il faut envisager que sur son bord extrême, elle perde tout moyen d'expression : l'on souffre et l'on souffre ne pas pouvoir dire sa souffrance. Et du côté de l'élaboration de l'émotion dans

1. *The Critic as Artist*, éd. cit., p. 339 ; trad. cit., p. 174.
2. C'est ainsi que je traduis plus littéralement, mais sans élégance, l'original anglais « *Art does not hurt us* ».

l'un ou l'autre registre de l'expressivité, la souffrance peut être *représentée* au point, sur son bord extrême, d'être consommable. Plus qu'une image de la douleur, elle en est l'icône parce qu'en elle la douleur se communique sans perte.

Il nous faut suivre la double ligne de fuite ainsi esquissée vers leur *extremum* respectif : soit, d'une part, l'homosexuel victorien, pour autant que l'on puisse reconstituer ce que pouvait être sa vie, qui relevait de ce régime des émotions qui brûlent obscurément, parce qu'elles sont sans discours possibles qui puissent être acceptés d'autrui et qui soient à même de susciter son empathie, et d'autre part, l'œuvre d'art réussie, *exquise et stérile*, qui suscite des émotions que je dis « consommables », parce qu'il y a douleur réelle sans qu'il y ait qui que ce soit (de réel) qui souffre : elles ne sont à personne (de réel) et donc elles peuvent aussi être à moi. Chacun de ces *extrema* est paradoxal : que penser en effet d'une douleur de tous les instants, qui ronge sourdement comme un acide, une douleur sans *agent* clairement identifiable mais à laquelle le *patient* est sommé de réagir *comme si* elle n'existait pas ? Que dire symétriquement de cette douleur consommable, plus réelle encore que ce dont nous sommes tous capables de vivre par les seuls moyens de notre propre sensibilité, mais dont on doit faire *comme si* elle était vécue par une personne, c'est-à-dire un personnage ? Et la distance de la personne au personnage contient la solution de telles énigmes : dans le premier cas, la personne joue un personnage pour laquelle « tout va bien, merci » et dans le second cas, c'est l'inverse : le personnage réalise l'incarnation d'une personne qui n'existerait qu'à travers la douleur qu'un auteur aura machinée.

Il ne faut pas s'y perdre : aujourd'hui tout ce qui est artistique est relégué au statut de vain divertissement, lui aussi exquis et stérile. Il ne faut pas non plus croire que l'on ne chante sa douleur qu'à des fins de séduction ou d'amusement… posons donc la question à celles et ceux qui pleurent leurs morts. Dans les deux cas, la posture est une imposture, depuis la vraie douleur férocement refoulée jusqu'à son expression exaltée dans l'œuvre d'art, où dans le meilleur des cas, elle fait « plus vrai que vrai ». Cette subtile et complexe dualité paraît bien être le secret filigrane de la poétique d'Oscar Wilde, qui prend la majorité de ses exemples dans le théâtre de Shakespeare, tous caractérisés par une intensité tragique exceptionnelle. Voyez Sibyl Vane, qui n'aura jamais joué autre chose. Un contexte aussi grandiose, où seuls sont considérés les chefs-d'œuvre absolus du théâtre occidental, est la condition *sine qua non* pour retrouver le lien entre le théâtre de l'émotion extrême et ce que l'on croirait volontiers être son équivalent dans l'expérience vécue. Quand le malheur qui nous frappe *personnellement* nous laisse pour ainsi dire *sans voix*, que l'on croit devenir fou, que les mots manquent, que l'abîme s'ouvre, l'émotion *vécue* – que j'appelle ainsi pour l'opposer à sa contrepartie *culturelle* – ne dispose plus du champ de temporalité et d'expressivité dont l'émotion ordinaire dispose pour justement être ...*vécue*.

Ce dernier énoncé appelle toutefois une nuance importante, une nuance dont tout par la suite dépendra : il me faut en effet distinguer soigneusement entre cette situation où l'émotion suscitée par de grands malheurs est ou non *partagée*. Dans le meilleur des cas, la communauté fait bloc autour de ceux de ses membres qui sont plus directement concernés ou atteints par ce qui cause cette douleur : elle « partage » celle-ci. Ce mot ne convient guère parce que l'émotion ne devient effective et ne s'accomplit jusqu'à son terme qu'à la condition d'impliquer toute la communauté, par des effets de parole, des cris, des pleurs, du rituel, des gestes et par conséquent avec les moyens qui sont ceux de la société traditionnelle, avec sa mémoire identitaire propre. J'interroge ici le lien de consubstantialité entre ce qui relève de l'émotion en tant qu'elle est tout d'abord vécue et ce que celle-ci devient à travers son expression ; ce lien complexe ordinairement disparaît dans une confusion première, où ce qui s'y trouve d'émotion est en même temps expression tout en se laissant davantage détailler à l'occasion du travail public de deuil, avec ses dramatismes et son fond religieux. Je ne peux éviter d'être succinct ici, et cela étant, il m'importe d'insister sur le fait que cette dimension publique et politique du traitement de l'émotion extrême, qui se remarque avec toute la netteté souhaitable dans les sociétés archaïques ou premières, annonce de très loin ce qui à terme constituera le théâtre, au sein duquel les positionnements très nettement individués des premiers rôles et, parallèlement, de l'auteur, achèvent de radicaliser la distance entre la scène et le public. En ce sens, rien n'est plus étranger à ce phénomène social et ancien de la douleur partagée que la scène du théâtre : les deux peuvent avoir beaucoup en commun, *mutatis mutandis*, en termes d'artificialité, de facticité ou de conventionnel car la différenciation entre les deux manifestations expressives de la douleur s'opère ailleurs : les protagonistes et les participants dans le contexte d'un rite funéraire fusionnent de par une empathie dolorifique qui est essentielle à son accomplissement performatif, tandis qu'au théâtre, un abîme métaphysique sépare la scène peuplée d'acteurs et le public. Dans le premier cas, le rituel ouvre sur un horizon transcendant, qui est indispensable à la gestion de la crise (la mort, le sacrifice sanglant, etc.) ; dans le second, c'est en fait cet abîme-là que la performance théâtrale vise autoréférentiellement à combler, avec le risque que son propos (tragique, funèbre, amoureux) se dégrade visiblement en prétexte ou anecdote.

Pour s'orienter dans cette problématique des plus complexes, il ne faut pas prendre appui sur l'objet sociologique – le rituel religieux ou le spectacle – mais sur ce phénomène vécu comme exceptionnel qu'est l'émotion douloureusement extrême. Celle-ci se définit par un effet de sublime, qui jouerait à vide, en ce sens qu'elle frappe l'*individu* et qu'elle est toujours plus grande que ce que peut supporter l'individu qui la subit, alors qu'elle se manifeste comme un manque : manque de mots, manque d'idées, stupéfaction, sidération, etc. L'*individu* est démuni en tant qu'*individu*, raison probable pour laquelle les rituels funéraires étaient et sont restés une affaire essentiellement communautaire. Lorsqu'un tel « partage » s'avère impossible, quand la personne qui se voit débordée et dévastée par ladite émotion est de surcroît perçue comme en en étant la source ou la cause, c'est alors qu'elle s'individue véritablement, en ce sens que l'on prendra ses distances autour d'elle, qu'on s'en méfiera. Le mauvais œil… Un tel individu prisonnier d'une émotion qui confine à la démence devient alors la cible potentielle pour la mise en œuvre du rituel du *pharmakós*, ce sacrifice humain que René Girard vise expressément quand il parle du bouc émissaire. Par ce rituel, toute une communauté travaille à se défaire, à se « purger » plus exactement de l'élément désolidarisé qui la perturbe. Un tel processus d'ostracisation joue le même rôle, en définitive, que la césure entre la scène et le public, une césure qui parce qu'elle est institutionnelle, est une évidence fondationnelle que l'on ne questionnera jamais, parce qu'elle va de soi et que dans un tel contexte, on a vraiment besoin de s'appuyer sur quelque chose qui, justement, va de soi…

Tout tient ici par le biais d'interdéfinitions croisées : l'émotion – et *a fortiori* cela vaut pour ce que j'ai appelé plus haut « l'émotion douloureusement extrême » – ne peut être ressentie que par des individus et pour leur propre compte mais elle ne peut se déployer et trouver de dénouement à sa propre intrigue (notamment dans le cas du deuil) qu'à travers l'implication de toute la communauté, laquelle prend toujours le pas sur l'individu, surtout dans les périodes historiques. Il faut veiller à ne pas perdre de vue que, dans le contexte culturel des sociétés archaïques ou traditionnelles, l'individu a toujours été une anomalie dangereuse, comme c'est le cas, par exemple, de cet être *apolis*, sans foyer, que la cité va exiler ou mettre à mort. L'individuation radicalisée, dans le sens d'une sorte d'autisme politique, supposerait à tout le moins des conditions de possibilité socio-économiques pour pouvoir vivre sans interagir avec le reste de la communauté, dans un repli absolu sur soi-même. Aujourd'hui, c'est monnaie courante et l'on en parle comme de la solitude ou de l'esseulement. À cet égard la condition homosexuelle a muté, elle aussi radicalement. Autant cette description du sujet vide et replié sur soi-même qu'Hannah Arendt décrit dans le contexte du totalitarisme pouvait valoir pour le commun des homosexuels victoriens, autant elle doit être aujourd'hui relativisée par la présence très visible des communautés gays et la circulation grandement facilitée de l'information. Aujourd'hui, la société en général fonctionne de moins en moins comme une communauté et il s'ensuit que l'individu radicalement isolé, qui peut se rendre totalement invisible dès lors que les liens sociaux ont perdu beaucoup de leur implacable normativité, n'est plus jamais vu par contraste comme un danger social, exception faite pour les phénomènes de haine sociale qui ne cesseront jamais, semble-t-il.

C'est justement cette haine sociale, avec son invariance transhistorique particulièrement endurante, qui permet de comprendre comment la sensibilité de quelqu'un comme Oscar Wilde pouvait résonner avec les figures représentées à la scène par les Tragiques ou encore Shakespeare et pourquoi cette résonance pouvait chez lui manifester une telle puissance, que sa créativité lui permettrait de reprendre à son compte et de répercuter. Dans les sociétés archaïques, l'individu absolu tel que je l'ai décrit plus haut est ce que la communauté fabrique de toutes pièces à partir de son holisme originaire identitaire, pour ensuite l'excréter : cet individu magiquement identifié est à la fois son *invention* et la *découverte* identificatoires de ce qui, par exemple, paraît être la véritable cause jusque-là cachée des malheurs qui frappent la communauté ; cela va de l'épidémie aux revers de la guerre ou encore les mauvaises récoltes ou des catastrophes naturelles. De son côté, le pauvre hère qui se voit identifié par le processus de l'individuation magique et maléfique – qui prend la forme et l'énergie de la haine sociale – paraît être à la fois l'agent et le patient d'une douleur extrême. En se gardant de faire long, l'on pourrait suggérer ici un rapprochement avec ce que dit René Girard du *bouc émissaire* en tant qu'il sert de solution au problème qu'il représente lui-même... Plus justement, il faudrait en parler en termes de *pharmakós*, dont le rituel est celui d'un sacrifice humain et dont la victime ne semble rien présenter de prime abord qui la désigne à cette fonction de paratonnerre et de victime expiatoire. L'intérêt de cette observation tient au fait que ce genre de rituel « pharmaceutique » comporte un travail préalable de déshumanisation dont on retrouve l'équivalent dans toutes les stigmatisations raciales, misogynes et homophobes.

Dans sa visée cathartique, le théâtre tragique paraît constituer le dernier vestige, à peu près méconnaissable, de ce qui fut un rituel « pharmaceutique », concret et performatif. Aujourd'hui, le théâtre n'a plus rien de consciemment rituel, cathartique ou démiurgique : il est synonyme d'un divertissement dont l'éventuelle profondeur viendrait comme de surcroît. Il n'est donc plus possible d'établir à un niveau suffisant d'évidence le lien profond entre la mise à mort à la fois réelle et spectaculaire d'un *pharmakós* et sa sublimation en un dispositif, que nous banalisons comme ressortissant à la représentation théâtrale, qui n'est que spectaculaire et dont la spectacularité constitue la réalité. Sur la scène tragique, le *pharmakós* s'est désémantisé pour n'être plus que le schème de cet individu de plus en plus isolé qui, par son action dont il ne mesure aucunement les conséquences, attire de grands malheurs sur lui-même et sur la cité, responsable et irresponsable à la fois de la colère des dieux[1]. Or, dans la vie ordinaire, que l'on dit réelle pour bien en dissocier le sérieux de tout ce qui au théâtre fait l'effet de simulacres divertissants et inconséquents, …dans cette vie ordinaire et par conséquent résolument anti-tragique, la condition victimaire – c'est-à-dire la cible de la haine sociale qui peut prendre de multiples formes – se structure et s'identifie comme telle quand un être réel devient malgré lui la figure magique d'une fantasmagorie potentiellement meurtrière qui l'afflige de partout, comme s'il devait être la contrepartie dangereuse d'un *on* communautaire, comme dans l'expression « le qu'en-dira-t-*on* ». La cible ainsi désignée subit l'effet d'une passe magique, imaginaire et idéelle : elle est chargée et elle se charge d'une négativité qui se diffuse dans l'air du temps et qui prend à l'occasion la figure d'un miasme ou d'un malaise palpable.

La distinction que j'ai renforcée en la soulignant, entre la vie ordinaire et le monde de la représentation, est à la fois intangible et poreuse. La première est le monde de la réalité et de son esprit de sérieux, mais la seconde lui fournit de quoi se penser et cela m'amène à énoncer que du statut politique de l'individu en tant qu'individu dépend son rapport personnel à l'émotion tragique. Dans le cas de l'émotion que j'ai qualifiée d'extrêmement douloureuse et qui est la contrepartie d'une situation douloureusement extrême – comme ce qui se rencontre dans les situations d'inceste, de pulsions suicidaires, d'humiliations et de

1. *Cf.* F. Pierobon, *L'humanité tragique – contribution à une phénoménologie de l'écriture*, Paris, Éditions du Cerf, 2008. Je résume ici quelques-unes des thèses que j'avais jadis développées à partir de ma lecture de la *Poétique* d'Aristote.

harcèlements constamment répétés, etc. – tout ce qui pourtant peut y être qualifié de réel ne peut pas être pensé autrement que par une identification à des schèmes mythologiques dont il est pourtant connu qu'ils sont foncièrement imaginaires. La douleur, pour accablante qu'elle puisse paraître dans le vécu, n'a pas de texte, pas de concept, pas de schème dans le répertoire de la vie ordinaire, surtout quand elle naît d'une situation ontologique qui dissone profondément de ce qui se dit comme la norme et le normal, à partir de ce *on* du « qu'en-dira-t-on ». Tandis que les grands textes de la tradition – et pour Wilde, pour se limiter à son seul exemple, les Tragiques et Shakespeare – semblent présentifier ces configurations extrêmes de la dissidence ontologique (Œdipe comme *Pharmakós* pour reprendre ici l'exemple le plus célèbre) et de la plus grande douleur, l'homme de la rue qui ne comprend rien à ce qui l'écrase identifiera pour ainsi dire à l'instinct sa propre équation dans ces grandes liturgies de l'agonie émotionnelle. Le premier risque dans une telle identification est de se percevoir soi-même comme un être imaginaire, voire même fantastique, comme rêvé par un cerveau dément, lui-même saisi de cette μανία *(manía)*, cette folie divine que Platon, et Wilde à sa suite, met au principe de toute création. L'issue possible, sans psychanalyser la chose jusqu'à la caricature, peut bien être la volonté, tout d'abord incomprise et même inconsciente, de se rendre maître d'un tel processus de création, c'est-à-dire de se faire l'auteur de sa propre *manía*, par un processus de désassujettissement à la fois émotionnel et politique.

La modernité, déjà bien établie dans l'imaginaire collectif de l'Angleterre victorienne de cette fin du dix-neuvième siècle, rend sociologiquement possible et banale la démultiplication d'individus qui se sont *de facto* désolidarisés du groupe. La condition de possibilité d'une telle individuation est en fait moins politique qu'institutionnelle et économique : il est désormais pragmatiquement possible de vivre dans les grandes formations urbaines en limitant à quasi rien les liens sociaux et les réseaux de solidarité traditionnels. Dans le paysage urbain d'une société gigantesque et massifiée, l'individu peut se rendre invisible de la foule, laquelle peut encore et toujours, notons-le, entrer en coalescence et s'alimenter de l'énergie magnétique de la haine sociale : ceci expliquant cela, la société totalitaire est l'épiphénomène obligé de son industrialisation et de son urbanisation galopantes. Dans cette perspective, la répression scientiste, politique et religieuse de l'homosexuel en cette fin de dix-neuvième siècle peut également être interprétée comme un épiphénomène de l'hégémonie idéologique qui fait de la rationalité scientiste, associée au capitalisme triomphant, la nouvelle *logique* qu'adopte l'archaïque haine sociale, qui pour l'essentiel, n'a rien dû modifier de son fonctionnement encore et toujours magique, c'est-à-dire résolument antiscientifique.

L'isolation et l'invisibilité politiques de l'homosexuel victorien déterminent l'horizon symbolique sous lequel, dans la majorité des cas, il va encore et toujours se représenter, faute de mieux, à partir et à travers ce regard qu'il pressent de ladite foule. Ainsi isolé, cet être politiquement inédit est à la fois le regard et la chose vue, le regard soupçonneux et inquisitorial d'une force magique sans visage et ce visage-cible de la stigmatisation à la fois effective et fantasmée. J'insiste sur ce point : c'est en effet une affaire de regard et d'intériorisation de la haine sociale qui fait l'homosexuel victorien, et c'est ce qui, par voie de conséquence, donne sa tonalité particulièrement sombre au *Portrait de Dorian Gray*. Tous les éléments que je viens d'énumérer – l'isolation au sein de foules indifférenciées dans un paysage urbain illimité, l'indétermination des forces de haine sociale dont les mouvements profonds demeurent cependant sensibles, le mixte entre un scientisme résolument progressiste et l'archaïsme de plus en plus prononcé des humeurs de la foule – contribuent à donner sa couleur propre au style fantastique qui, au-delà de ses emprunts à d'anciens fonds légendaires, est en vérité le produit direct de l'imaginaire moderne.

Faute de pouvoir se permettre de ressentir ses propres émotions, le sujet écrasé peut en découvrir un équivalent supérieurement sublime qui l'admet à des possibilités expressives – au théâtre, dans la littérature, à l'opéra, etc. – dont il pouvait se croire définitivement exclu. La survalorisation de l'art, dans la seconde moitié du dix-neuvième siècle, est un phénomène culturel qui peut être interprété *aussi* comme le symptôme de sa dévitalisation inexorable. Le public du théâtre ne ressemble plus vraiment à cette communauté grecque qui se fédère autour des dramaturgies tragiques, en ce moment clef et transgressif de l'année que sont les *Dionysies* : il ne se compose pas exclusivement de personnalités ainsi écartelées entre la raréfaction subie de leur propre expressivité et l'addiction à des formes hautement intensifiées d'émotions « transférables », loin de là ; j'ai évoqué, chaque fois que l'occasion s'en présentait, le désenchantement induit par la modernité sur des liens sociaux traditionnels, qui a eu pour effet de généraliser l'aliénation, la solitude et l'isolement au sein des grandes concentrations de populations : le cas est général, avec des nuances dont la société totalitaire est la forme la plus extrême. Au demeurant, la société contemporaine fonctionne plus ou moins harmonieusement dans la mesure où sa profonde mélancolie peut être passablement palliée par une profusion intarissable de divertissements tièdes et inoffensifs. L'intensité foudroyante et cathartique à la fois que Wilde perçoit dans le théâtre de Shakespeare est davantage l'exception que la règle et il lui est d'autant plus sensible qu'il s'efforce, autant par ses goûts esthétiques que par sa propre poïétique, d'échapper à cette asthénie généralisée de la société par rapport à l'art : à cet égard, l'émotion douloureuse, dont le théâtre tragique est le lieu et l'emblème, n'a d'égal en intensité que le désir sexuel, et c'est parce que ce désir, dans sa singularité, est l'occasion, sinon la cause, de douleurs en elles-mêmes tragiques, que le lien peut se faire de l'un à l'autre, de l'émotion consommable à une vie sexuelle dont toute sentimentalité serait *de facto* bannie.

On chercherait en vain à expliquer l'émotion tragique à partir d'une théorie de l'émotion en général, c'est-à-dire dans la psychologie de l'individu, ou l'homosexualité à partir d'une théorie générale de la sexualité. En d'autres termes, la condition minoritaire que j'ai décrite à l'endroit de l'homosexuel victorien doit plus aux effets propres à la modernité qu'à ce que l'on pourrait mettre dans le concept même de cette orientation particulière dont la haine sociale se saisit pour « expliquer » ses persécutions, se justifier et s'exonérer de toute responsabilité éthique. L'émotion tragique est d'abord politique, originairement en tout cas, et son expression au théâtre tient tout d'abord d'un rituel d'exorcisme politique – aucun Grec ne se prendrait pour Œdipe… – de même, que l'homosexualité, qui existe essentiellement à travers la discrimination et le discours, *pro* ou *contra*, qu'elle suscite, peut fonctionner comme un décalque positif de l'homophobie et s'efforcer, pour ce faire, de ressembler à sa caricature, par des comportements outranciers. Oscar Wilde, que l'on remarquait surtout par ses extravagances, se rendait ainsi maître de la caricature qu'on se faisait de lui, en l'excédant de toutes parts, mais bien sûr, avec style, talent et même génie.

Jusqu'à il y a peu, la littérature, la poésie, le théâtre et la musique faisaient partie intégrante de la vie sociale, avec une variété de dimensions, toutes également pertinentes, qui vont du pur et simple ornement de société jusqu'aux formes hautement valorisées de fusion et de refondation de l'imaginaire propre à une identité culturelle ; dans cette profusion de formes et d'usages propres à la culture, « l'Art » tel qu'Oscar Wilde le conçoit avec cette puissance cathartique dont j'ai tenté d'esquisser la configuration, prend un relief tout particulier à l'occasion de la banalisation et du désenchantement de ce qui, aujourd'hui, semble n'être plus qu'une surabondance de produits culturels. Le chef-d'œuvre absolu, à l'exclusion du reste, émerge dans un magma de productions insignifiantes comme quelque chose de singulier dès lors qu'il aurait mystérieusement conservé son antique pertinence. Parce qu'on finit par l'exalter et même le fétichiser, la qualité même de « chef-d'œuvre » est à mon sens le symptôme alarmant de l'appauvrissement général de toute une culture, qui a perdu son âme et qui la cherche partout, au sein d'une surproduction de simulacres et d'approximations qui en est dépourvue, par principe.

toute esthétique véritable est une poétique

De prime abord, Oscar Wilde, dans les écrits que j'ai cités, propose plus une esthétique qu'une poétique de la douleur, puisqu'il traite de l'Art tel qu'il existe déjà et en sollicite les œuvres qui nous permettent d'aimer et de pleurer sans souffrir, comme par procuration. Toutefois, le statut épistémologique d'une véritable *esthétique* suppose qu'on puisse en parler objectivement, c'est-à-dire sans s'impliquer soi-même : la théorie ainsi produite est supposée sans auteur déterminé, si tant est qu'elle puisse valoir pour autrui et qu'on ne puisse suspecter qu'elle ne soit pas le symptôme, sinon l'expression directe, de la sensibilité nécessairement singulière de qui prétend en être l'auteur. Il n'y a pas chez Wilde de distinction nette à faire entre l'esthète et le créateur, surtout là où il commente les œuvres d'art et qu'il amorce une métathéorie de leur genèse, comme nous l'avons vu à l'occasion des discussions dans lesquelles Basil Hallward et son ami, Lord Henry, s'engagent longuement. La création artistique possède, pour Wilde, la *dunamis* du désir : le peintre peut bien se soumettre tout entier, sans aucune résistance, à cette inspiration que lui vaut ce désir que Dorian Gray suscite en lui, avec l'intensité d'une possession, mais c'est encore et toujours lui qui peint et qui, la peignant, révèle cette beauté dans la dimension d'universalité transcendante et idéale qu'elle ne fait qu'indiquer dans le contexte ordinaire de la vie de tous les jours. Voir, c'est bien sûr tout d'abord découvrir, explorer, déchiffrer et c'est la partie esthète du processus, où ce que l'on voit en détermine la vue qu'on peut en avoir. Mais ensuite, s'il s'agit d'une beauté dont le regard ne peut assimiler l'idéalité et la réduire à ce monde de l'ordinaire, voir, c'est recréer, réinventer, travailler à trouver la forme – ou les mots – qui convienne à ce qui se révèle comme *sublime*, c'est-à-dire comme une vision à laquelle justement rien ne convient, ni les mots, ni la forme. Oscar Wilde invente un peintre qui n'existe pas, s'il peut ainsi peindre cela, un peintre qui peindrait comme un écrivain pourrait le donner à voir par sa réinvention en transcendant la morne réalité dont se repaissent les journalistes, selon la dénonciation qu'il en offre à l'occasion. Et Oscar Wilde est cet écrivain-là. Son esthétique est avant toute chose une poétique, loin de toute objectivité photographique, de toute prétention « réaliste » à montrer les choses telles qu'elles sont.

Oscar Wilde, dans ce curieux roman qu'est le *Portrait de Dorian Gray*, s'est aventuré, larguant toutes les amarres, dans une navigation exploratrice qui tout d'abord s'est laissé aller au gré du vent. Le schème fantastique qu'à l'intention de ses lecteurs, il fabrique de toutes pièces, avec parfois des emprunts et des influences que les spécialistes se sont appliqués à recenser, est aussi ce dont il est le premier spectateur amusé sinon ébloui. La puissance de l'écriture littéraire tient à ce qu'elle ne cesse de surprendre son auteur, qui écrit pour découvrir ce qui le fait écrire, pour autant qu'il se déprenne suffisamment de l'illusion de n'écrire jamais autre chose que ce qu'il avait curieusement « en tête », en un magot d'idées et de phrases prêtes à se laisser transcrire. Car écrire tient déjà de l'obsession et le risque est grand que l'on écrive plutôt que l'on vive, dans une concurrence dont Wilde était particulièrement conscient. Tout un fond de non-dit remonte à la surface de cette écriture en train de se faire : il commence par ce qui le fascine, justement parce qu'il sait que cela fascinera, à savoir une beauté à ce point transcendante qu'elle serait capable de communiquer sa propre magie au portrait qu'on en fera, avec le métier accompli d'un peintre qui n'attendait plus que cela pour atteindre au chef-d'œuvre. C'est le portrait qui donne à penser, pour le lecteur du roman, que la beauté absolutisée par le désir peut avoir quelque chose de magique. Il poursuit avec ce schème et en explore les différentes possibilités qui vont de l'idolâtrie spiritualisée à la concupiscence la plus ouvertement hédoniste. Petit à petit les éléments jusque-là inaperçus de la sombre mythologie du désir homosexuel s'installent dans l'obscurité : la beauté qui fait flamber le désir homosexuel paraît sans autre, qui l'accompagne pourtant comme une ombre, un envers qui serait un enfer. Cet enfer-là est indicible et invisible. Rien n'en sera dit, et le fantastique permet d'en suggérer l'écrasement kafkaïen, cette angoisse de tous les instants où je lis la condition minoritaire de l'homosexuel victorien, lequel intériorise à son insu les interdits « monstrueux » et les « terreurs » sociales et religieuses – les termes sont de Wilde lui-même.

D'où le rôle essentiel de l'élaboration artistique qui acclimate en la révélant une beauté à ce point intense qu'elle ne peut être de ce monde – le sien est sereinement platonicien et pourtant démoniaque en même temps. D'où le rôle tout aussi essentiel de l'œuvre d'art, de type littéraire, théâtral ou encore musical, qui offre des prothèses émotionnelles à celles et ceux qui, pour des raisons moins psychologiques que politiques, ne peuvent pas se permettre de les vivre à nu, pour ainsi dire. D'où la valeur intrinsèque du geste qui, au-delà du peintre et de l'actrice, consiste à les faire vivre dans l'imagination du lecteur, de par une forme de possession opérée sur celui qui en renverse l'ordre : Wilde écrit sur ce qui l'obsède, peut-être pour s'en détacher, peut-être pour mieux se comprendre, peut-être aussi pour s'y abandonner toujours davantage ou peut-être même pour lui échapper. Au-delà de l'écran chatoyant où il fait briller une beauté que l'imagination seule du lecteur est capable de donner à voir, Oscar Wilde explore ce que j'ai appelé, à dessein, une poétique de la douleur. Nous avons vu comment elle peut fonctionner, selon lui, à l'adresse du public avide d'émotions « transférables » mais à travers le personnage de Sibyl Vane et de son évolution dont elle est de part en part la maîtresse, la question est posée : que faire de l'émotion violente, de l'émotion tragique qui, en son schème même, détient le pouvoir, en égales parts, de détruire ou de sauver ? Doit-on l'incarner comme l'a fait Sibyl Vane, et par conséquent la revivre jour après jour comme si le dénouement dramaturgique de l'émotion tragique pouvait lui aussi se transférer, comme si, par conséquent, les plus concernés dans le public pouvaient trouver là de quoi dénouer leurs propres liens ? L'actrice est, pour son propre compte, condamnée à la répétition, au ressassement de son propre mal de vivre auquel la magie shakespearienne donne un éclat souverain, il est vrai, et qui en met « plein la vue », comme on dit, et c'est là la beauté de la douleur. Le public aussi, qui, tout comme Dorian Gray qui vient la voir tous les soirs, n'en croit pas ses yeux et ses oreilles et pressent confusément qu'il y a là une solution, une porte de sortie à ses propres apories existentielles. À ceci près que c'est une fausse porte, quelque chose de peint sur un décor infranchissable qui est celui du fantasme.

L'art, approché en esthète, ne peut déboucher que sur une poétique, c'est-à-dire un désir de créer du beau, d'en être sinon le maître, du moins le Malin Génie. Je ne sais pas, aujourd'hui, qui est le plus malheureux des deux, l'esthète parce qu'il n'ose pas créer et se réduit volontairement à une passivité réceptive qui l'asphyxie invisiblement, ou le créateur, qui ose et qui pour prix de son audace apparemment prométhéenne, doit encore et toujours constater que la création n'est plus possible aujourd'hui, parce qu'il ne peut éviter de se noyer dans ce monde d'images excessivement surabondantes et qu'il se voit *de facto* incapable de créer parce qu'il lui est demandé de créer non pas de nouveaux messages dont la pertinence serait à la fois artistique, politique et même spirituelle, mais de nouveaux langages. Être le Malin Génie du beau, le créateur d'un monde factice, suppose une victime, c'est-à-dire un spectateur, mais la finalité d'un tel exercice, à tout le moins chez Descartes, serait de ne jamais se faire longtemps la dupe de tels enchantements. On peut l'espérer du créateur lui-même, à défaut de son public qui ne veut que rêver pour échapper à la « réalité ». Et contrairement au morne *cogito*, à tout le moins aussi, le Malin Génie est justement un enchanteur, puisqu'il en a l'*ingenium*. Tout cela serait vain si ces enchantements nécessairement trompeurs n'étaient pas l'indispensable détour pour atteindre à une certaine vérité qui n'a rien de scientifique et tout de l'humain, comme le portrait était la condition pour qu'on aperçoive enfin l'idéalité de cette beauté qu'elle révèle en la transfigurant. Mais il s'agit avec le roman d'Oscar Wilde non pas d'un portrait, mais d'un livre qui parle d'un portrait. Ce qu'évidemment, l'on n'aura pas vu, tant l'on tient à se laisser enchanter, au risque du leurre.

en guise de conclusion

Il est d'usage, dans un commentaire que l'on voudrait produire d'une œuvre d'art, de s'évertuer à y « découvrir l'intention réelle de l'artiste » pour la faire « accepter comme définitive ». Or c'est une tout autre approche « critique » que préconise Oscar Wilde dans *The Critic as Artist*, qui ne veut considérer...

> ...l'œuvre d'art que comme le point de départ d'une création nouvelle. Elle ne se borne pas (...) à découvrir l'intention réelle de l'artiste et à l'accepter comme définitive. En quoi elle a raison, car le sens de toute belle création réside au moins autant dans l'âme qui la contemple que dans celle qui la créa[1].

Et c'est bien cette approche que nous avons voulu faire nôtre dans cet essai sur *Oscar Wilde et l'obsession de la beauté*. Notre perspective y est plus précisément celle d'une *interprétation*, à entendre avec ce sens musical qui permettrait de penser, au-delà du paradoxe, qu'il n'y a de fidélité que créatrice. Une telle fidélité irait à l'esprit, à l'idéalité, au mystère plutôt qu'aux seules notes écrites s'il s'agit d'une partition musicale, ou aux faits objectivables dont le récit qu'on se propose de commenter fournirait les indications. L'auteur du *Portrait de Dorian Gray* tout comme l'essayiste des *Intentions* se voulait lui-même *visionnaire* dans son écriture littéraire et voulait que ses lecteurs, selon leur sensibilité

1. O. Wilde, *La critique est un art*, trad. cit., p. 157.

propre, en ressentent la puissance hallucinatoire. L'essentiel est au-delà des mots, tout comme dans la philosophie de la vie que professait Lord Henry dans le *Portrait de Dorian Gray*, il est au-delà de cette quiétude ordinaire du corps par lequel celui-ci finit par ne plus rien ressentir.

Dans cet ouvrage, il aura été surtout question d'écriture, plutôt que de sensualité ou de sexualité, dont les horizons, eux aussi, se trouvent *au-delà* du texte. La dimension visionnaire de l'écriture wildienne est justement cela, une question d'écriture. Si vision il y a, elle ne permet aucunement de saisir *tota simul* la présence qu'un désir dessine à partir du manque : elle serait plutôt exploratrice, de par un double processus de découverte et d'invention qui permet de penser la beauté comme une idéalité révélée à partir d'un horizon transcendant et comme la modalité peut-être idéelle de cette réalité à laquelle œuvre l'auteur, le poète, le créateur et peut-être même le philosophe, comme créateur de concepts. Ce processus est par nature inachevable, puisqu'il paraît s'enrichir d'une provision inépuisable qui lui viendrait d'ailleurs. Pour dire la chose plus simplement, nous proposerions volontiers qu'en lui-même, le travail de l'écriture offre à l'occasion beaucoup plus que ce que l'écrivain pensait y mettre, à charge pour lui de trier le bon grain de l'ivraie. On peut s'en convaincre en méditant sur le fait bien établi qu'Oscar Wilde a retravaillé tant et plus son *Portrait de Mr. W. H.* ; la version (posthume) de 1921 qu'on en lit aujourd'hui est en effet deux fois plus longue que ce qui avait été publié en 1889. Qui plus est, on peut jusqu'à un certain point l'envisager comme un premier état du *Portrait de Dorian Gray* même les différences entre les deux récits sont considérables, sinon radicales. C'est en fait un tout autre texte, mais ce qui en fait l'altérité en cèle la signification la plus profonde et la plus essentielle.

Ce qu'Oscar Wilde a *en vue*, pour ainsi dire, n'est jamais autre chose que ce qu'il appelle la beauté, qui est pour lui « le symbole des symboles ». C'est cette beauté dont il dit « qu'elle révèle tout parce qu'elle n'exprime rien[1] », rien d'objectif et par conséquent rien de métaphysique, rien de subjectif et par conséquent rien de psychologique, aussi vide d'objet que peut l'être la lumière solaire. *Le Portrait de Dorian Gray* paraît être l'aboutissement pour ainsi dire téléologique d'un ample travail d'écriture dont il n'est qu'un moment, fût-il ultime et dont cet autre *Portrait*, celui de *Mr. W. H.*, paraît rétrospectivement une esquisse préparatoire. Les deux récits ont en commun des problématiques semblables, telles que la beauté aussi bien plastique que tragique, la poésie et le théâtre de Shakespeare, ou encore la comédie sociale et ses faux-semblants. Tandis que le *Portrait de Mr. W. H.* fait l'effet de ces *carceri d'invenzione* du Piranèse, en produisant de l'intérieur un malaise, fantastique avant la lettre, avec son intrigue à tiroirs et ses jeux d'écriture, la structure générale du *Portrait de Dorian Gray* est remarquablement simple et linéaire, du moins en apparence. De l'un à l'autre, la nouveauté réside dans cette sourde menace, confuse, indécise, floutée même qui, à l'horizon, gauchit insensiblement tous les comportements, toutes les émotions et toutes les valeurs de l'homosexuel victorien. Le truchement fantastique, plus aisément repérable avec le second *Portrait*, a pour effet de dicter sa propre morale, pour le moins baroque : face à la positivité plénière de la belle jeunesse, qui peut aisément passer pour le Bien, le Mal serait à la fois la laideur du grand âge et le faciès répugnant que présente le satyre saisi du plus ensauvagé des désirs. Dans les deux cas, il est bel et bien question de chair, puisque c'est la chair qui est désirée et que c'est elle aussi qui désire. L'idéalité resplendissante dont rayonne la beauté du *kalos kagathos* grec et platonicien est perdue dans ces

1. O. Wilde, *La critique est un art*, trad. cit., p. 158.

deux configurations de la chair déterminée par le seul désir : tout sombre dans les ténèbres qui pour une fois se montrent capables de saisir la lumière.

Oscar Wilde ne s'est pas réfléchi comme en un miroir dans son *Portrait de Dorian Gray*. La chimère d'écriture qu'il a inventée lui permet d'explorer, comme si elle surgissait d'ailleurs, cette beauté qui, « en se découvrant à nous, …nous montre l'ardent univers tout entier[1] ». Dans ces pages du *Critic as Artist*, Wilde décrit la beauté comme s'il décalquait pour ce faire la voie moyenne (grammaticale) qui est propre au grec ancien et qui est à la fois active et passive. Ce double processus d'invention et de découverte confère ainsi à son travail d'écriture d'étonnantes ouvertures sur des perspectives profondément philosophiques, qui sont celles que nous avons voulu explorer dans cet essai. C'est ainsi que nous pouvons dire que le *Portrait de Dorian Gray*, ce livre qu'Oscar Wilde a écrit, est et n'est pas lui, tout de même qu'il est et qu'il n'est pas le reflet de la société de son temps. C'est une ode à la beauté qui resplendit en plein soleil dont le filigrane est une nuit à ce point obscure qu'elle n'est pas de ce monde. C'est un livre qui paraît psychologique, quand bien même Dorian Gray est à peu près dépourvu de sentiments, et qui feignant de narrer la saga fantastique d'un être surnaturellement protégé du vieillissement, peint la dégénérescence spirituelle de toute une civilisation que la beauté, loin de pouvoir l'inspirer et la nourrir comme aux temps mythiques de l'âge grec, empoisonne irrémédiablement.

Qu'est-ce une beauté sans personne pour la contempler ? Tout dieu réclame qu'on lui voue un culte, faute de quoi il se sent à ce point seul qu'il cesse d'exister, même pour lui-même. La beauté obsède, c'est là son propre. L'écriture accentue l'obsession, si elle n'en est pas le lieu même. Elle joue sur les deux tableaux,

1. O. Wilde, *La critique est un art*, trad. cit., p. 158.

laissant l'obsession engendrer l'image comme un invariant qui se condenserait inexorablement, tout en fluidifiant l'air qui l'entoure au sein d'un imaginaire partagé, de l'auteur au lecteur. Mais dès qu'il y a image, il y a idole et dès qu'il y a idole, une frustration point qui exige la rédemption de l'idole en icône. Dans le roman, Basil Hallward réalise ce prodige de peindre une idole qui est en même temps une icône, une idole muette qui se charge magiquement du pouvoir de frustrer douloureusement tout désir qu'elle fait naître et en même temps une icône qui répond participativement aux prières qu'on lui adresse. Ce mixte d'incompossibles – l'idole inerte et l'icône irradiante – traduit cette ambivalence dynamique entre l'invention et la découverte qui est le propre de toute écriture littéraire d'une certaine tenue. Le prix à payer est l'obsession, celle-là même que Wilde décrit si bien dans son personnage de peintre, et cela d'autant mieux qu'il la connaît on ne peut mieux, puisque c'est la sienne.

Toute obsession, même scripturale, a quelque chose de douloureux : toutefois, cette fétichisation se prolonge et s'intensifie dans la mesure où c'est la douleur elle-même qui réoriente rituellement la plainte vers l'idole comme en un culte vain. Mais la douleur est l'autre face de la beauté : cette évidence est commune à l'époque grecque archaïque et classique, à cette époque précisément où les dieux ne sont pas nécessairement bons ou mauvais et où le désir sexuel ou eidétique n'est, lui aussi, ni l'un, ni l'autre. Où l'extrême laideur de la Méduse est tout aussi dangereuse que l'extrême beauté qu'on lui prêtera plus tardivement, à l'époque hellénistique. Tout le malheur de Dorian Gray commence avec l'image, *the picture*, qu'un peintre aura faite de lui, ouvrant malgré lui un abîme entre ce qu'on voit de lui et ce qu'il voit – ou refuse de voir – de lui-même. Tout le bonheur d'Oscar Wilde est dans l'écriture d'un tel malheur, un bonheur qu'il offre via la *transference of emotion* à la délectation du lecteur.

C'est ainsi que l'on peut affirmer avec lui que l'art transcende et la beauté, et la douleur. Celui-ci voit ce que son imagination lui montre, à savoir la beauté, en éclipse d'avec ce que son époque lui interdit de considérer, à savoir la terreur, qui n'agit jamais mieux qu'en n'offrant à voir aucun visage. Là où la terreur cherche à se figurer, abondent les idoles muettes et les victimes sacrificielles qui gémissent dans la solitude. La terreur s'augmente de ce que l'on ne peut rien en savoir, justement, et pour cette raison même, elle nous fascine. Toute la question, une fois installée l'atmosphère fantastique du roman, est de déterminer comment l'on s'en sort. Les personnages, si réels qu'ils puissent paraître alors qu'ils n'ont jamais existé, finissent par mourir. À l'exception de Lord Henry Wolton, bien sûr, dont la vie pleine de petits plaisirs s'abîme en une médiocrité douloureusement consciente d'elle-même. Le lecteur quant à lui s'en sort bien, mais, avouons-le, c'est parce qu'il n'existe jamais vraiment, lui non plus : son inexistence est ce que le pouvoir de sa propre imagination exige de lui pour prix de ses enchantements, ce à quoi il consent sans réfléchir. Exactement comme Dorian Gray se déprend de son âme, de par un souhait soupiré comme par inadvertance.

bibliographie

AQUIEN Pascal (éd.), *Oscar Wilde, rien n'est vrai que le beau. Œuvres choisies, lettres*, Paris, Quarto-Gallimard, 2019.

BARTLETT Neil, *Who was that man ? A present for Mr Oscar Wilde*, London, Serpent's Tail, 1988.

BRUNET François, *La Naissance de l'idée de photographie*, Paris, PUF, 2000.

COMPTON Todd M., *Victim of the Muses : Poet as Scapegoat, Warrior, and Hero in Greco-Roman and Indo-European Myth and History*, Washington, Center for Hellenic Studies, Trustees for Harvard University, 2006

DE GAULEJAC Vincent, *Les sources de la honte*, Paris, Desclée de Brouwer, 1996.

DIDEROT Denis, *Paradoxe sur le comédien*, Denis Diderot, Denis Podalydès et Gabriel Dufay, Paris, Les Belles Lettres-Archimbaud, 2012.

DRYDEN Lea, *The Modern Gothic and Literary Doubles. Stevenson, Wilde and Wells*, New York, Palgrave McMillan, 2003.

EELLS Emily (ed.), *Wilde in Earnest*, Paris, Presses Universitaires de Paris-Ouest, 2015.

ELLMANN Richard, *Oscar Wilde*, New York, Knopf, 1988 ; traduit sous le même titre par Philippe Delamare et Marie Tadié, Paris, Gallimard, 1994.

ERIBON Didier, *Une morale du minoritaire*, Paris, Champs-Flammarion (2001) 2015.

FITZSIMONS Eleanor, *Wilde's Women : How Oscar Wilde Was Shaped by the Women He Knew*, New York, Harry N. Abrams, 2017.

FREEDMAN Jonathan, *Oscar Wilde. A Collection of Critical Essays*, New Century Views, Prentice Hall, Upper Saddle River, New Jersey, Pearson, 1995.

HALPERIN David, *One hundred years of Homosexuality and other Essays on Greek Love*, New York, Routledge, 1990.

HOLLAND Merlin, *Le procès d'Oscar Wilde*, traduit par Bernard Cohen, Paris, Stock, 2005.

KNOX Melissa, *Oscar Wilde, a long and lovely suicide*, New Haven-London, Yale University Press, 1994.

LEVINE Lawrence W., *Culture d'en haut, culture d'en bas – L'émergence des hiérarchies culturelles aux États-Unis*, trad. fr. Marianne Woollven et Olivier Vanhée, préface de Roger Chartier, Paris, Éditions La Découverte, 2010.

MARION Jean-Luc, *Le phénomène érotique*, Paris, Grasset, 2003.

MCKENNA Neil, *The Secret Life of Oscar Wilde*, New York, Basic Books, 2006.

MENDELSSOHN Michele, *Making Oscar Wilde*, Oxford, Oxford University Press, 2018.

O'GORMAN Francis, *The Cambridge Companion to Victorian Culture*, Cambridge, Cambridge University Press, 2010.

PATER Walter H., *The Renaissance : Studies in Art and Poetry* (1873), edited by Matthew Beaumont, Mineola (New York), Oxford World's Classics-Dover Publications, 2005.

PEARCE Joseph, *The Unmasking of Oscar Wilde*, London, HarperCollins, 2000 ; 2015.

POWELL Kerry, Peter Raby (ed.), *Oscar Wilde in Context*, Cambridge, Cambridge University Press, 2014.

POWELL Kerry, *A verdict of death : Oscar Wilde, actresses and Victorian women*, in *The Cambridge Companion to Oscar Wilde*, edited by Peter Raby, Cambridge, Cambridge University Press, 1997.

QUIGNARD Pascal, *Le sexe et l'effroi*, Paris, Gallimard, 1994.

RABY Peter, *The Cambridge Companion to Oscar Wilde*, Cambridge, Cambridge University Press, 1997.

RILEY Kathleen (ed.), *Oscar Wilde and Classical Antiquity*, Oxford, Oxford University Press, 2017.

SEDGWICK Eve K., *Epistemology of the Closet*, Berkeley-Los Angeles, University of California Press, 1990.

THORNTON Bruce S., *Eros : the Myth of Ancient Greek Sexuality*, New York, Routledge, 1998.

TODOROV Tzvetan, *Introduction à la littérature fantastique*, Paris, Points-Seuil, 1970.

WILDE Oscar, *Le Portrait de Dorian Gray*, trad. fr. Richard Crevier, présentation de Pascal Aquien, Paris, GF-Flammarion, 2006.

– *Lettres d'Oscar Wilde*, choix et avant-propos de Rupert Hart-Davis, trad. fr. Henriette de Boissard, préface Diane de Margerie, Paris, Gallimard (1966) 1994.

– *Salomé*, préface de Charles Méla, introduction de Sylviane Messerli, Paris, PUF, 2008.
– *The Complete Works of Oscar Wilde*, introduction Merlin Holland, London, Collins Classics, 2016.
– *The Picture of Dorian Gray*, edited by Michael Patrick Gillepsie, New York, Norton, 2nd ed., Dover Reprint, 1993.
– *The Uncensored Picture of Dorian Gray*, edited by Nicholas Frankel, Cambridge (Mass.), Belknap Press of Harvard University Press, 2012.
– *Intentions*, trad. fr. Philippe Néel, revue par Carle Bonafous-Murat, Paris, Le Livre de Poche, 2000.

table des matières

Achevé d'imprimer en février 2025
sur les presses de
La Manufacture - Imprimeur – 52200 Langres

Tél. : (33) 325 845 892

N° imprimeur : 250079 - Dépôt légal : février 2025
Imprimé en France